En ulovlig bok?

forfatter ukjent

En ulovlig bok?
popcorn-time.no - 2. utgave

forfatter ukjent

1. utgave: 978-82-92812-09-9

Omslaget er utformet av Tom Fredrik Blenning.

Manuskriftet til denne boken ble først publisert på nettstedet popcorn-time.no. Teksten anses av EFN å være et hitteverk, da selv politietterforskning ikke har klart å spore opp forfatteren.

Manuskriftet ble gjenutgitt som bok av Elektronisk Forpost Norge for å la flere få gjøre seg opp en mening om innholdet.

Elektronisk Forpost Norge <post@efn.no>
Pb 27 Vålerenga
0626 Oslo

ISBN-13: 978-82-92812-10-5 (paperback)

Forord

Siden *Uten en tråd* ble forbudt i 1966 har bøker ikke blitt forbudt i Norge. Det er senere laget mange bøker med langt mer provoserende innhold enn denne.

Det fremstår som svært merkelig at dersom den samme teksten utgis på en internettside skal den derimot forbys. EFN utgir denne boken ikke på grunn av dens høye litterære kvalitet, men på grunn av at vi har tro på ytringsfriheten. Vi kan ikke skjønne at det skal være forskjell på å skrive noe i en bok eller på en internettside, men vi regner med at denne boken vil bli forbudt utgitt, derav tittelen. Innholdet i denne boken er det samme som befant seg på siden popcorn-time.no som fikk domenet sitt beslaglagt 7. mars 2016.

Tom Fredrik Blenning
Daglig leder i EFN

Popcorn Time – Se filmer og TV-programmer i HD

Popcorn Time og klonene er enkle programmer som lar deg se filmer og serier i høy kvalitet. Variasjonen i innholdet er stor, og du vil finne et bedre utvalg end på Netflix, HBO og lignende tjenester. Du kan se alt fra de nyeste filmene til de gamle klassikerne, du finner nesten alt.

Download Popcorn Time og klonene som programmer til Windows, Mac OS X og Linux samt apps for Android eller iOS (iPad og iPhone)

Popcorn Time kloner: ShowBox, Movie Box, PlayBox, Popcorn Express, Flixtor og MoviePanda.

Før du fortsetter, bør du være klar over at bruk av Popcorn Time og lignende kan være ulovlig. Mye av innholdet i disse tjenestene er opphavsrettsbeskyttet materiale som deles og lastet ned uten tillatelse fra eierne og produsenter av materialet. Bruk av disse tjenestene vil ofte resultere i et brudd på opphavsrett, avhengig av hva du ser. Hvis du likevel velger å bruke tjenestene du lese om på dette området, gjør du det på egen risiko, og det anbefales å følge loven.

Hvordan virker Popcorn Time?

Popcorn Time, Flixtor og MoviePanda er bygget opp rundt BitTorrent protokollen, som gjør det mulig for brukere å dele filer over internettet. Det er også kjent som P2P fildeling, som er en forkortelse for peer-to-peer. BitTorrent protokollen ble oppfunnet i 2001 og siden utviklet seg til å bli den mest brukte fildelingsmetoden.

Før Popcorn Time og lignende programmer, var man tvunget til å installere BitTorrentprogrammer for å laste ned filer, og man måtte bruke sider som The Pirate Bay for å søke etter det man ville laste ned. I praksis skulle man hente torrentfilen til den filmen eller serien man ville se, og åpne denne filen med et torrentprogram.

Torrentfilen i seg selv inneholder ikke filmen eller serien, men filen forteller torrentprogrammet hva den skal laste ned fra de brukerne som dele filmen eller serien.

Når programmet er ferdig med å laste ned, kan man se den endelige videoen enten på datamaskinen eller TV-en, hvis man bruker den riktige mediespilleren.

Se filmer og serier på Popcorn Time, Flixtor og MoviePanda, uten ventetid

Popcorn Time har gjort denne tre-trinns prosessen enklere og mere flytene. Med dette programmet er det lettere enn noen sinne å laste ned og se programmer med torrent protokollen. Popcorn Time henter informasjon om filmer og serier fra nettsteder som EZTV.it og YTS.to, som er populære indekssider for torrentfiler. Popcorn Time presenterer tilgjengelige filmer og serier på en brukervennlig måte hvor du har mulighet for å velge undertekster og billedkvalitet, og samtidig se beskrivelser og vurderinger.

Popcorn Time gjør det lett å se filmer og serier med torrent.

Et enkelt trykk på «Watch Now», og programmet begynner å laste ned filmen. Når nedlastningshastigheten er høy nok til å se hele filmen uten pauser eller hakk, begynner filmen å spille. Mens filmen spiller, har du tilgang til de sedvanlige mulighetene som pause, fortsett, søk osv. Du har de samme mulighetene som du får gjennom hvilken som helst betalt (og lovlig) strømmetjeneste.

Mens du ser videoen er du en del av det P2P-nettverket som ser og deler akkurat denne videoen. Det betyr at andre får mulighet for å laste ned deler av filen fra deg, deler som du allerede har lastet ned. Når du stopper med å se videoen, og lukker programmet, blir alle filene slettet fra datamaskinen (dette kan du velge å skru av eller på) og delingen stopper.

Flixtor og Moviepanda virker på samme måte som Popcorn Time, den eneste forskjellen er at Flixtor har en bedre søkefunksjon og Moviepanda ikke er avhengig av servere for å finne innholdet til menyene.

Popcorn Time kloner

Popcorn Time er en så god idé at flere kloner / kopier og andre tungt inspirert programmer har blitt utviklet. Alle var i utgangspunktet kopier av det opprinnelige konseptet, men har siden utviklet seg i forskjellige retninger hver med sitt eget sett med fordeler og svakheter. Du kan lære mer om Popcorn Time kloner i download seksjonen.

Ofte stilte spørsmål om Popcorn Time

De samme få spørsmålene kommer opp igjen og igjen om Popcorn tid. Du vil ikke finne svar på alt, men du kan ha flaks hvis du besøker FAQ.

Last ned Popcorn Time apps for Android og iOS (iPhone og iPad)

Hvis du leter etter en Popcorn Time app for den mobile enheten din, kan du fortsette til Popcorn Time app guider for enten Android eller iOS (iPad og iPhone).

Bruk Popcorn Time med Chromecast, Apple TV (AirPlay) og VPN

Du vil også finne en guide til å bruke Popcorn Time med Chromecast og Apple TV (AirPlay) samt hvorfor du bør få en VPN.

Sitemap

Bruk Popcorn Time anonymt med VPN

Hvis du er ute etter den beste VPN, anbefaler vi ExpressVPN.

Enten du bruker Popcorn Time eller en av klonene eller ikke (eller om det er ulovlig for deg, noe som kommer an på dine lokale lover) er det å bruke en VPN alltid en god idé. Om du ikke bruker det viser du alt du gjør på nett hvem som helst som gidder å se. Det gjelder ikke bare ulovlige ting, men slik som e-post, nettbetalinger og alt annet som kan være til andres interesse.

Å laste ned og dele på bittorrent nettverket, noe som du deltar i ved å bruke Popcorn Time, ShowBox, Flixtor etc., er enda en grunn til å beskytte deg selv. Å se hva du laster ned med åpne torrent sporere – som er det Popcorn Time bruker – er ekstremt enkelt. Om du sjekker ut mypiracy.net kan du se noen (ikke alle) av torrent nedlastningene fra din nåværende IP adresse. Dette har allerede blitt brukt for å spore ulovlige nedlastninger av filmen “Dallas Buyers Club” som resulterte i lovlige tiltak mot forbryterne, og det finnes en annen sak hvor en mann fikk $652,000 i bot for å dele en enkel film. Disse er bare noen av de få handlingene som blir gjort mot “pirater”, så du burde vurdere å bli anonym på nettet.

En VPN krypterer datastrømmen som sikrer både anonymitet og personvern.

Den gode nyheten er at fullstendig anonymitet på nett både er enkelt og billig med en VPN tjeneste. For de som ikke er kjent med VPN står det for “Virtual Private network” og fungerer ved å skape en sikker linje med kryptert data mellom klienten (deg) og en VPN server som du kommuniserer med verden gjennom. Krypteringen gjør at informasjon som sendes mellom klienten og serveren er uleselig for alle andre, og data som sendes fra og til brukeren kan ikke spores lengre enn til serveren. Om du vil lære mer om hvordan VPNer fungerer burde du lese denne detaljerte artikkelen hos howstuffworks.com.

NB! Selv om du bruker VPN det endrer ikke, er det ulovlig å laste ned og dele opphavsrettsbeskyttet materiale!

Gratis VPN tjenester

Noen få av Popcorn Time programmene kommer med en innebygget VPN som er gratis. Men tjenesten har bare en begrenset bandwidth, noe som gjør at de fleste skrur av den VPNen fordi nedlastningshastigheten blir veldig sakte (om nedlastningen i det hele tatt starter).

Gratis VPN tjenester anbefales ikke. Det koster penger å drive et nettverk av servere, så de som tilbyr gratis (“det er ingenting som heter gratis lunsj, men du finner alltid gratis ost i musefellen).) VPN må generere penger på andre måter – mest sannsynlig ved å legge inn reklamer i nettleseren din og/eller logge og selge informasjon om dine nettleser vaner.

Det du ser etter hos en VPN tjeneste er personvern og fart, og du får ikke begge gratis, beklager.

Hva man bør se etter hos en VPN tilbyder/tjeneste

Det du vil ha hos en VPN tjeneste er at den tar din sikkerhet seriøst mens de tilbyr et raskt produkt som er trygt, billig og enkelt å bruke. Det finnes hundrevis av VPN tilbyder, så det finnes ingen grunn til å komprimissere. Se for en VPN tilbyder som møter alle de følgende kravene.

- Ingen loggføring
  - Om ingen logger blir beholdt finnes det ingen informasjon å gi videre til advokater eller politi.
- Rask
  - Å laste ned filer, spilling eller sørfe på nettet burde ikke bli svekket av en VPN tilkobling.
- Bruker antivirus/-spyware/-skadelig programvare
  - Beskytter serveren mot hackere. Viktig for å opprettholde din informasjon trygg.
- Har mobil apper
  - Om du betaler for e tjeneste kan du like så godt betale for en som fungerer på alle enhetene dine – spesielt om du bruker Popcorn Time på Android eller en iOS enhet.

Tre flotte VPN Leverandører

Om du har bestemt deg for å bruke litt penger for å sikre ditt eget personvern er det her en liste over flotte VPN leverandører som lever opp til alle kravene mens de er veldig billige.

ExpressVPN – verdens raskeste VPN leverandør

ExpressVPN påstår å være verdens raskeste VPN leverandør, og med nedlastningshastigheter på over 10MB/s får du nok med fart for streaming av HD – til og med 4k. Kombinert med enkle apper, servere i 78 land og den beste sikkerheten er den Rolls Royce innen VPN leverandører. ExpressVPN koster $99 ($8.25 i måneden) for et års abonnent og tilbyr en gratis prøveperiode på en dag.

Besøk ExpressVPN

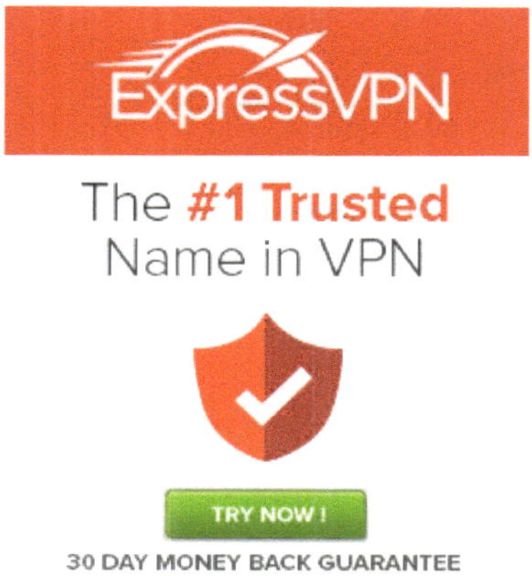

Prøv ExpressVPN – Verdens raskeste VPN forbindelse med 30 dagers retur.

Privateinternetaccess – Den beste verdien for pengene

Privateinternetaccess (PIA) tilbyr perfekt anonymitet, fart og enkle apper og tjenester i mange land. Til $39 for ett års abonnent ($3.33 per måned) får du personvern på nett, og du får det ikke billigre. Om du vet om noen billigre vil vi gjerne høre fra deg!

Besøk Privateinternetacess

Hotspot Shield Elite – Så billig som det blir

Med Hotspot Shield Elite kjøper du en grunnleggende produkt til lavest mulig pris. Sikkerhet er opp til pari og tilbyr full anonymitet med ingen logger og state of the art krypteringsteknologi. Hastigheten er ikke så god som ExpressVPN eller PIA (men likevel tilstrekkelig for HD streaming) og utvalget av servere er begrenset til bare seks land: USA, Storbritannia, Canada, Japan, Australia og Tyskland.

Hotspot Shield Elite koster bare $ 29.95 per år ($ 2,49 per måned) og $ 4,99 for en enkelt måned.

Besøk Hotspot Shield

Vanlige søk relatert til denne artikkelen: popcorn time vpn, vpn popcorn time, popcorn time vpn virker ikke, popcorn vpn, popcorn time vpn mac, popcorn time gratis vpn, vpn popcorn, beste vpn for popcorn time, popcorn time vpn android, popcorn time vpn virker ikke, popcorn tv vpn, vpn popcorn time mac, popcorn time vpn klient, popcorn time vpn nedlastning, vpn pour popcorn time, popcorn vpn mac

Popcorn Time » **Popcorn Time iOS app til iPhone og iPad**

Popcorn Time iOS app til iPhone og iPad

Popcorn Time er et kontroversielt program som egentlig ikke er ulovlig i definisjon, men er det alikevel siden omtrent alle filmer og tv serier er skrivebeskyttet. Det er derfor du ikke vil finne Popcorn Time appen i App Store, og det kommre sikkert aldri til å skje.

Men dette betyr ikke at brukerne av bærbare apple produkter (iPad, iPhone og iPod Touch) ikke kan bruke Popcorn Time appen, de må bare hoppe gjennom noen få hull først.

Det finnes to måter å få Popcorn Time inn på din iOS enhet på: den enkle og anbefalte metoden ved å bruke en iOS installer, og den ikke så enkle måten ved bruk av Cydia som betyr å jailbreake enheten.

Installere Popcorn Time appen med iOS Installler

Dette er den enkleste, minst ødeleggende og dermed mest anbefalte måten å installere Popcorn Time apper til iPhone eller iPad på. Om det til en eller annen grunn ikke fungerer kan du prøve jailbreak metoden som beskrives under.

Det første trinnet er å sikre at du har den siste versjonen av iTunes installert og den rette kabelen for å koble til iPad/iPhone til PC. Det neste trinnet er å laste ned og installere iOS Installer som du finner her. De siste trinnet er å kjøre iOS Installer og følge instruksjonene. Metoden installerer Popcorn Time iOS appen fra time4popcorn og er for øyeblikkelig tilgjengelig for Windows PC og Mac OS X.

Følg guiden for å installere iOS Popcorn Time appen til din iPhone eller iPad.

Installer Popcorn Time med Cydia

Denne metoden inkluderer å jailbreake din iPhone eller iPad. De fleste er redde for å gjøre det fordi de er redd for å miste garantiperioden, men om du vil jailbreake enheten din og bruke garantien etterpå, er det enkelt å gjenopprette iPhonen eller iPaden i iTunes slik at den blir normal – til og med i en App teknikkers øye.

Å Jailbreake enheten vil ikke endre den veldig, det bare legger til noen store funksjoner, og en av de er å kunne laste ned apper som ikke finnes i App Store.

Hvordan du Jailbreaker din enhet kommer an på versjonen iOS som du har installert på den. Den siste versjonen er iOS 8, så den følgende guiden vil vise hvordan du gjør det på enheter som har iOS 8. Om du har en eldre versjon av iOS installert kan du finne guiden som finnes her.

Om du allerede har jailbreaket enheten din kan du hoppe til bunnen av denne artikkelen og gå rett til installasjonen av iOS Popcorn Time appen.

Jailbreaking guide for iOS 8 – iOS 8.1

Denne guiden krever det følgende: en iOS enhet (iPhone, iPad, og iPod Touch), en PC (Windows eller OSX Mac) og en USB kabel for enheten din. Ikke koble sammen enheten og PCen enda.

Støttede iOS enheter:

- iPhone 6
- iPhone 6 Plus
- iPhone 5s
- iPhone 5c
- iPhone 5
- iPhone 4s
- iPad (2, 3, 4, Air, Air 2, mini 1, mini 2, mini 3)
- iPod touch 5

Jailbreak med Pangu

1. Før du begynner prosessen må du deaktivere kodelåsen (om den er på). Dette gjøres i *instillinger -> generelt).*
2. Du må også skru av "Finn min iPhone". Dette gjøres i *instillinger -> iCloud.* Du kan aktivere både kodelåsen og Finn min iPhone eller at du er ferdig med å jailbreake.
3. Skru på Flymodus (swipe for å åpne kontrollpanelet).
4. Om enheten automatisk har blitt oppdatert til iOS (OTA oppdatering), må du gjenopprette den i iTunes. Apple har en guide for hvordan du gjør det.
5. Ta en sikkerhetskopi av dataene dine i tilfelle noe går galt. Dette gjøres i *Instillinger -> iCloud.*
6. Start iTunesog la det kjøre i bakgrunnen i løpet av resten av prosessen.
   - Du må ha iTunes 12.0.1. eller nyere, få den siste versjonen her.
7. Last ned Pangu her og installer det på PCen din.
   - Pangu er programvaren som jailbreaker din enhet. Det inneholder ikke virus, skadelig programvare, spion programmer eller noe lignende.
8. Start Pangu
   - Windows: høyreklikk på Pangu ikonet og velg "Kjør som administrator"
9. Når Pangu er åpen kobler du til iOS enheten din med PCen ved hjelp av USB kabel.
10. Trykk på "Start Jailbreak" knappen og "Already did". Dette starter den faktiske jailbreakingen.
    - Enheten vil starte på nytt noen få ganger i løpet av denne prosessen, så vær tålmodig og ikke få panikk, det er helt normalt. Når alt er ferdig vil Pangu gi deg en melding som sier at jailbreakingen er suksesfull.

Din iOS enhet har nå blitt jailbreaket og du kan fortsette til installasjonen av Popcorn Time appen.

Å installere iOS Popcorn Time appen på din iPhone eller iPad

Nå som enheten er jailbreaket (eller om den allerede var det) må du bruke "Cydia" for å installere Popcorn Time appen. Cydia er som App Store men for jailbreakede enheter, og den ble installert sammen med Pengu jailbreakingen. Om du ikke finner Cydia på iPhonen eller iPaden, bare gjenta jailbreaking prosessen over.

1. Legg til Popcorn Time repo i Cydia ved å bruke denne guiden. URLen for time4popcorn er *http://cydia.popcorn-time.se*.
2. I Cydia går du til *kilder* og finn time4popcorn repo i denne listen. Herfra kan du (endelig) installere iOS Popcorn Time appen.
3. Nyt!

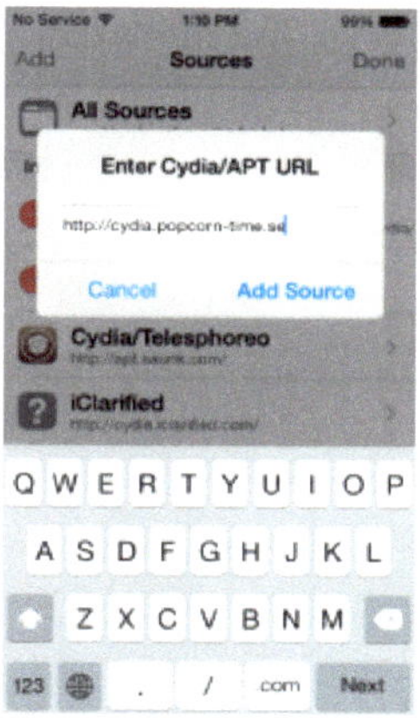

Skriv inn URLen til time4popcorn repo i cydia for å installere iOS Popcorn Time appen http://cydia.popcorn-time.se

Et alternativ er at du kan prøve Movie Box (MovieBox) i stedet, som kan fungere på iOS enheter uten jailbreak, noe som kommer an på versjonen (det fungerer ikke alltid uten).

Vanlige søk relatert til denne artikkelen: popcorn time app ipad, popcorn time ipad uten jailbreak, popcorn time ipad app nedlastning, popcorn time ios7, hvordan installere popcorn time på ipad, popcorn time iphone 4, last ned popcorn time iphone, popcorn time ios jailbreak, popcorn time for iphone 6, popcorn time ipad mini, last ned popcorn time for iphone, popcorn time ipad cydia, hvordan laste ned popcorn time på iphone, popcorn time ipad air

FAQ – Svar til noen av de oftest stilte spørsmålene rundt Popcorn Time

Her vil du finne svar til noen av de oftest stilte spørsmålene rundt Popcorn Time og lignende programmer som samt løsninger til de vanlige probelemene.

Er Popcorn Lovlig?

Å bruke Popcorn Time for å se på skrivebeskyttet innhold er Ganske sikkert ulovlig. Gjør det på egen risiko.

Det kommer an på lovene der du bor. I de fleste land er svaret "ja og nei". Nei, fordi det ikke er ulovlig å installere et program som kan laste ned torrents eller laste ned torrents i det hele tatt. Med de ER vanligvis ulovlig å laste ned og dele innhold under opphavsrettigheter. Og siden nesten alt som kan ses på Popcorn Time og lignende programmer er beskyttet av opphavsrett, vil det å se på filmer og tv serier i disse programmene mest sannsynlig være å bryte opphavsrettighetene. Det i et nøtteskall sammenlignes med et brekkjern. Å eie et er ikke ulovlig, men det er ulovlig å bruke det til å bryte inn i huset til noen.

Uansett lover og regler bruker du/laster ned Popcorn time og alle andre applikasjoner/programmer du leser om på denne siden på egen risiko.

For å beskytte deg og din anonymitet når du bruker Popcorn Time anbefales deg å bruke en VPN.

Er Popcorn Time trygt?

Det spekuleres mye rundt sikkerheten til applikasjonene som nevnes her, spesielt time4popcorn som har blitt anklaget for å ha virus. Så vidt vi vet inneholder ingen av applikasjonene du blir vidresendt til via denne siden virus, skadelig programvare eller lignende. Men det finnes mange tvilsomme mennesker der ute som du vil møte på som tilbyr nedlastning av Popcorn Time eller noen av de andre klonene hvor de bruker ord som "offisiell", "orginal" etc. alt for mye. De fleste vil bare at du skal klikke på en reklame på nettsiden deres, men det er også noen som har lagt til en ekstra kode til installasjonspakkene som inneholder skadelige programvarer, virus eller lignende.

Om du holder deg til nettsidene vi nevner hos popcorn-ti.me kan vi (nesten) garantere at du ikke vil installere noe du ikke vil ha. Om datamaskinen din blir infisert anbefales det å laste ned og kjøre gratisversjonen Malwarebytes Anti-Malware.

Filmen/Epiosden starter ikke og/eller avspillingen hopper/stammer.

Popcorn Time og klonene fungerer ved å laste ned filer ved å bruke Bittorent protokollen, og avspiller dem samtidig. Dette betyr at nedlastningsfarten kommer an på hvor mange brukere som deler den samme filen (mens du laster ned/ser på deler du filen også). Veldig populært innhold kan vanligvis lastes ned raskt og spilles av fint, men om du kommer bort i noe som ikke er så populært må du kanksje være litt mer tålmodig. Disse nedlasntingene vil noen ganger ikke kunne laste ned så raskt, noe som fører til irriterende stamming om de i det hele tatt starter.

Det finnes et par måter man kan løse dette problemet på:

1. Prøv en annen kilde/torrent. Noen av applikasjonene lar deg velge torrent filen før du spiller av. Om du har flere enn et alternativ kan du kanskje finne en fil som lastes ned raskere.
2. Start filmen/episoden og trykk på pause. Gjør noe annet i mens for fortsett med avspillingen senere. På denne måten får nedlastningen en “forhåndsstart” mens du gjør noe annet eller venter.

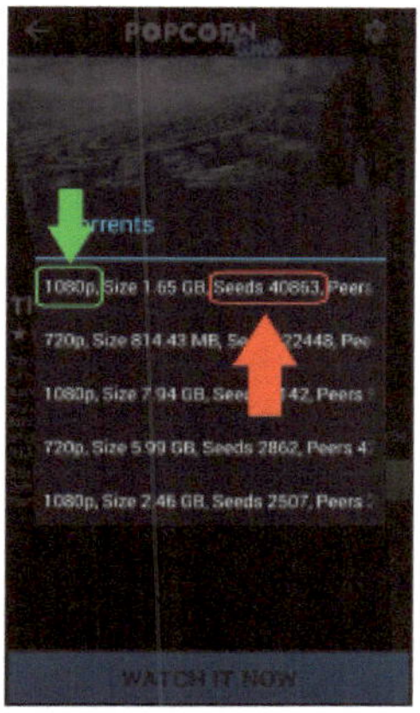

Om avspilling i Popcorn Time ikke starter eller stammer kan du prøve en annen kilde/torrent fil. Se etter et stort antall peers.

Om 1 eller 2 ikke fungerer kan du prøve å se på innholdet i en annen versjon/klone.

Popcorn Time starter ikke, viser meldinger som “feil ved nedlastning av data” etc.

Alle applikasjonene du leser om på denne nettsiden er beta-versjoner so betyr at det fortsatt er under oppbygging, men det er tilgjengelige for offentligheten for å testes. De er ikke ferdige produkter, og du kan dermed forvente å få noen problemer nå og da, det hører med beta programvarer. Et veldig vanlig problem er å få meldingen “feil ved nedlastning av data, prøv igjen senere” når du prøver å laste inn menyene.

For du feilsøker burde du sjekke om systemene bak Popcorn Time fungerer, og du kan gjøre det ved å gå til http://status.popcorntime.io/ hvor alle knappene burde være grønne.

Om/når du støter på problemer kan du prøve å fikse dem ved å gjøre noen få enkle ting. Begynn på 1 og jobb din vei gjennom listen til du har løst problemet:

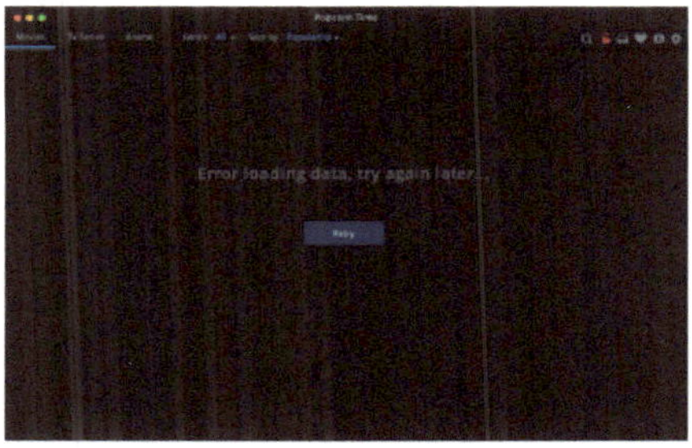

Den fryktede “feil ved nedlastning av data, prøv igjen senere” (error loading data, try again later)meldingen.

1. Skru av programmet/appen og begynn igjen
   - Om du bruker en app kan det hjelpe å slette app cache (trykk og hold på app ikonet, gå til app informasjon).
2. Start datamaskinen/telefonen/nettbrettet på nytt.
3. Fjern (avinstaller) programmet/appen, last ned på nytt og installer

Om ikke noe av dette fungerer kan det være noe galt på din side. Du kan alltids prøve å laste ned en annen versjon om en av dem gir deg problemer (download seksjon).

Hvordan kan jeg se Popcorn Time på TVen min?

En Smart TV app som gjør det samme som Popcorn Time ville vært flott, men det eksisterer ikke (enda). Men det finnes noen få måter som gjør at du kan se favorittfilmene og tv seriene på tv.

1. Koble til enheten til TVen med en HDMI. Den enkle løsningen.
2. Skaff en Android TV eller last ned appen på siden (metoden er for Nexus Player, men burde også virke med en Android TV)
3. Koble til PCen til TVen og installer en app.
4. “Cast” flatskjermen ved å bruke Chromecast eller AirPlay og Apple TV (fungerer ikke med alle versjonene/klonene). Chromecast/Apple TV er et utstyr du plugger inn i en av TVens HDMI utganger og kobler den til Wifi. På denne måten kan du bruke den som en streaming “bru” som kan spille av innhold fra Netflix, Youtube etc. direkte til TVen uten å bruke en kabel. Det fungerer også for noen Popcorn Time apper.
5. Spill av filen på TVen ved å bruke DLNA (fungerer heller ikke med alle versjonene)- på denne måten kan du bruke Playstation 4 eller Xbox One til avspilling på TVen din.

Spill Popcorn Time på din TV med Chromecast.

Popcorn Time » **Chromecast**

Chromecast

Poporn Time og klonene er flotte programmer (eller apper, om du bruker det på din iOS og/eller android enheter) men om du ikke har en datamaskin koblet til TVen din må du klare deg med den lille PC skjermen, nettbrett skjermen eller telefonen. Selv om dette er greit i noen situasjoner slik som under reise eller i et hotellrom, er det langt i fra den beste løsningen om du vil bruke Popcorn Time mye i ditt underholdningssenter i hjemmet.

Løsningen kan være å koble datamaskinen din til en TV ved å bruke en HDMI kabel. Dette er sikkert den enkleste måten å få Popcorn Time fra dataen til storskjermen hvor filmer og TV programmer hører til. Men om du bruker en telefon eller nettbrett på å kjøre Popcorn Time, eller om du blir gal av mange kabler, kan en Chromecast være løsningen du ser etter.

En Chromecast er en kul liten dings laget av Google for å gi Smart TV Evner til TVer som ikke har dem. Den kobles til TVen kjennom HDMI og til verden via WiFi. Når det har blitt satt opp vil programmer og apper på det samme nettverket som Chromeast vite om at det er der og avspilling (eller "casting" som det heter) blir mulig. Å caste en video betyr at i stedet for å se på den på dataskjermen, nettbrettet eller telefonen blir jobben gitt videre til Chromecast som viser innholder på flatskjermen.

Takket være en åpen API kan utviklere bygge inn Chromecast støtte i deres programmer og apper som betyr at antallet støttede applikasjoner er oppe i tusenvis og øker hele tiden. Det er ikke overraskende at denne listen inkluderer de fleste nåværende Popcorn Time utviklerne, og det støtter til og med undertekster.

Det kommer an på hvilken versjon av Popcorn Time du bruker, men å bruke Chromecast velges enten før (dette gjelder popcorntime.io) eller etter avspillingen har startet. En "lasteskjerm" vil vises på TVen (husk å bytte til den riktige inngangen) som raskt vil erstattes av filmen eller TV programmet som avspilles.

Det kommer selvfølgelig an på smak og behag, men sett bort ifra en Smart TV er det vanskelig å forestille seg en enklere underholdningsløsning en å bla gjennom Popcorn Time menyene på et nettbrett eller telefon for så å sende det til skjermen trådløst med en Chromecast.

Bruk Popcorn Time med Chromecast og nyt trådløs streaming til TVen din.

Besøk den offisielle siden til Google Chromecast.

Popcorn Time » **Popcorn Time til Mac OS X**

Popcorn Time til Mac OS X

Med Popcorn Time for Mac OS X så kan du nyte det store utvalet av båe nye og klassiske filmar samt TV-seriar på alle nye Apple Mac. Dette inkluderar iMac, iMac Retina 5K, MacBook, MacBook Pro, MacBook Air, Mac Mini og Mac Pro.

Basis krava for disse er at dei må bruke Mac OS X 10.7 eller nyare.

Popcorn Tima versjon for Mac OS X

To Popcorn Time versjonar er tilgjengelig for Mac: Time4popcorn og popcorntime.io. Begge versjonane er veldig like, nær identisk, så kva ein skal bruka er meir personlege preferansar enn kvalifikasjonar til versjonen.

Det kan vere nyttig å laste ned begge to og leike seg litt for å bestemma seg for kva ein likar best.

Som sagt er dei VELDIG like i både brukarsnitt og funksjonar. Begge har nesten da same utvalet av filmar og TV-seriar og støttar playback av Chromecast, Airplay (med Apple TV) og DLNA (fungerar med nokon SmartTV, Xbox One og Playstation 4). Ved nøye testing konkluderar me med at begge versjonane gjer jobben veldig bra og ein kan ikkje anbefalast over den andre med hennsyn på funksjonalitet og utføring.

Popcorntime.io har litt overtak over time4popcorn på grunn av ein innebygd funksjon for torrent-søk utanfor det som er tilgjengelig i menyane der utval frå Kickass Torrents og Strike kan søkast og spelast i applikasjonen. På den andre sida time4popcorn har ein historie for å tilby meir stabil playback med Chromecast og AirPlay.

Ja, du kan få Popcorn Time for Mac OS X men kva versjon burde du velja?

Lær meir om time4popcorn

Lær meir om popcorntime.io

Installer Popcorn Time for Mac OS X

For å skydda brukara frå å lasta ned skadeleg programvare så har Apple installert «Gatekeeper». Det er ein tryggleiksfunksjon som hindrar nedlasting av appar frå andre plassar enn Apple sin eigen App Store.

Når man forsøkar å gjera da så opnar dialog boksen med beskjeden «Namnet-til-appen kan ikkje opnast fordi den kjem frå ein uidentifisert utviklar». Einaste valget er å trykke OK og lukke boksen.

Heldigvis så er ikkje Gatekeeper laga til å vere eit jernteppe og man kan lett unngå den. Dette er nødvendig om man vil installera Popcorn Time (eller iOS installer) på din Mac sidan Popcorn Time ikkje er i Apple App Store men må lastast ned som ein .dmg fil.

Den lettaste måten å installera appar som ikkje er frå App Store er å høgreklikka (eller kontroll+klikk) .dmg filen og velge «opne». Ein dialog boks vil spørja brukaren om han vil installera appen frå ein uidentifiser kjelde eller ikkje. Etter å ha trykka på «ok» vil appen installera og oppføra seg som ein legitim app frå App Store og kan dermed enkelt avinstallerast vedå dra den til bosskurven.

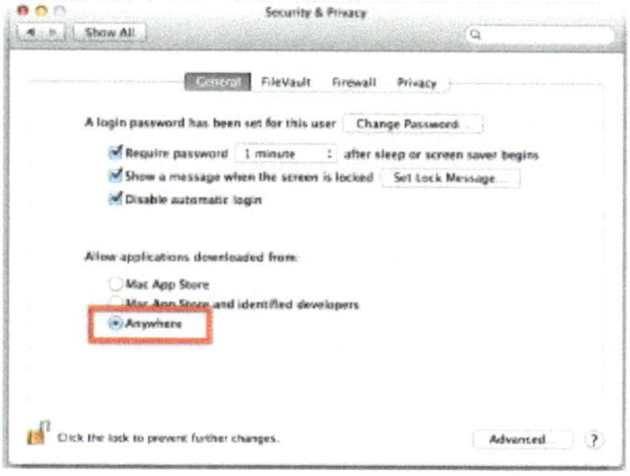

Tillat installasjon av appar frå «overalt» for å fjerne «uidentifisert utviklar» beskjeden permanent frå din Mac OS X.

Installasjon av appar frå uidentifiserte utviklarar kan permanent gjerast ved å gå til System – sikkerhet og privat – generelt og velje «overalt» i «tillat applikasjonar nedlasta frå:» man må kanskje låsa opp disse vala ved å trykke på hengelås ikonet som gjer deg mulighet til å endre disse preferansane. Den permanente løysinga bør bare brukast av erfarne brukarar sidan den opnar opp for tilfeldige nedlastingar av skadelege appar (Popcorn Time er harmløs).

Se Popcorn Time på din TV med AirPlay og Apple TV

Apple TV er en kul liten dings som du kobler til TV med en HDMI kabel, og til hjemmenettverket ditt enten via WiFi eller en Ethernet kabel.

Apple TV kan best beskrives som en "Smart TV Boks" som via den inkluderte fjernkontrollen lar deg kjøre og kontrollere apper på din TV. Et stort utvalg apper eksisterer for Apple TV, inkludert iTunes musikk, iTunes film, Netflix, etc. Du kan lese mer her om du vil se hele listen over apper.

En fin funksjon som Apple TV har som gjør den spesielt interessant for brukere av Popcorn Time er dens kapasitet som en AirPlay mottaker. AirPlay er en smart Apple funksjon som brukerne kan bruke for å streame lyd og video trådløst til AirPlay mottakere på det samme nettverket.

Flere av Popcorn Time versjonen har innebygget AirPlay støtte, som betyr at i stedet for å spille av Popcorn Time på enheten hvor programmet er installert kan du sende det til en Apple TV og dermed TVen den er koblet til.

Dette lar deg sette opp alt i stua uten kabler, og du kan navigere Popcorn Time menyene mens du sitter på sofaen med enheter slik som iPhone eller iPad og sende det til TVen. Man burde vite at avspilling med AirPlay ikke bare fungerer med Apple produkter, men også Windows og Android enheter.

Apple TV og AirPlay eller Chromecast?

Chromecast, Googles svar på Apple TV er nesten identiske. Om du ikke har noen av dem, men ønsker en trådløs løsning anbefales Chromecast siden det er både billigre og bruker en åpen API som gjør det enkelt for utviklerne å lage apper og programmer for systemet. Derfor er det ofte færre problemer med Chromecast enn AirPlay.

Med en Apple TV koblet til din TV kan du trådløst streame Popcorn Time fra din datamaskin, smart telefon eller nettbrett til flatskjermen med AirPlay.

Popcorn Time apper for Android

Popcorn Time apper for Android gir det store utvalget som er kjent fra datamaskin versjonen til din smarttelefon eller nettbrett. Det er en flott måte å se filmer eller tv serier på mens du er på farten. Bare se for deg at du kjeder deg på toget og plutselig kommer på at du kunne sett på Game of Thrones eller Gossip Girl i stedet. Da vil du plutselig ønske at reisen var litt lenger.

Det er også en løsning for å sette opp hjemmeunderholdningen på en enkel og elegant måte. Noen av Popcorn Time appene for Android støtter Chromecast, så om du allerede eier en av disse, er du bare noen få trinn unna en enkel og trådløs løsning hvor du kan se gjennom menyene på nettbrett eller telefon, for så å sende avspilingen direkte til din Chromecast/TV. Siden en Smart TV app ikke eksisterer enda er dette det nermeste du vil komme til det perfekte oppsettet.

Veldig få av Popcorn Time klonene kommer som Android apper (popcorntime.io, time4popcorn, Flixtor, Show Box [bare Android] og Play Box) men du vil ikke finne noen av dem i Google Play Store. Dette er på grunn av den kontroversielle type tjeneste, og selv om Google er litt mer avslappet når det kommer til godkjenning av apper enn Apple Store, har de fortsatt sagt at Popcorn Time er "for mye", noe som ikke er overraskende. Men ikke bekymre deg, for det å laste ned apper utenfor Google Play er lett.

Popcorn Time Android Brukergrensesnitt. Spill av filmer eller serier direkte på enheten din eller via Chromecast.

Å installere Popcorn Time Android appen

Apper utenfor boksen fra "ukjente kilder" (altså, ikke fra Google Play) kan ikke installeres, men denne sikkerheten kan enkelt fjernes, og gjenopprettes senere.

Gå til enhetens *Instillinger -> Sikkerhet* og kryss av for "ukjente kilder" slik at de kan laste ned .apk filer som ikke er fra Google Play.

Så må du laste ned installerings filen, eller apk filen og legge den inn på telefonen. Du kan gjøre dette ved å laste den ned på PC og overføre den til enhetens SD kort (husk på hvor du legger det in) eller laste det ned direkte til Androiden hvor den legges under "nedlastninger".

Det finnes flere bra Popcorn Time Android apper (enten under det navnet eller andre) og du må gå til disse sidene for å laste den apk filen. De mest avanserte appene kommer fra Popcorn Time av time4popcorn og Flixtor, som begge har støtte for undertekster og Chromecast avspilling, samt at de fungerer bra. Andre mindre utviklede alternativer er Popcorn Time av popcorntime.io, Show Box og Play Box.

Når apk filen er lastet ned går du til nedlastningsfilen med enten en fil-leter eller "Nedlastninger" appen som hører til Android. Fikk apk filen, åpne den og følg instruksjonene. Du er nå klar for å nyte Popcorn Time på din Android enhet!

Vanlige søk relatert til denne artikkelen: popcorn time android, popcorn time android apk, popcorn time android app, popcorn time android chromecast, android popcorn time, popcorn time android app nedlastning, popcorn time android apk nedlastning, popcorn time android vpn, android popcorn time app, popcorn time android fungerer ikke, popcorn time android app trygg

Popcorn Time Community Edition

Det er over en måned siden den offisielle Popcorn Time nettsiden og tjenesten (på en måte) frivillig stengte seg selv på grunn av et avventende søksmål bragt frem av MPAA (Motion Picture Association of America). Selv om en av utviklerne bak programvaren har annonsert at han er bestemt på bringe den tilbake til live, er popcorntime.io fortsatt død og ingen vet helt sikkert om gjenopplivingen noen gang vil bli en realitet. Noen av de avgåtte team medlemmene har annonserte fødselen av en versjon som går i en litt annen retning: Butter Project, men dette er så langt heller ikke mer enn et løfte.

I mellomtiden, har Popcorn Time Samfunnet vært desperate etter å fortsette å bruke tjenesten, og har kommet på med noen ganske stilige triks som lar brukerne fortsette å se filmer og TV programmer med Popcorn Time programvaren. Videre, siden Popcorn Time ble utviklet som en åpen kilde, har fans klart å redde kildekoden som lar dem lage en nøyaktig kopi av programvaren. Og ved å legge til de midlertidige løsningene har de laget en ny versjon: Popcorn Time Community Edition eller Popcorn Time CE.

Popcorn Time Community Edition (Popcorn Time CE) har bragt den offisielle Popcorn Time tjenesten tilbake til live.

Popcorn Time CE ser helt lik ut som den originale og fungerer på samme måte ved å “streame” videoer fra torrent linker. Den eneste forskjellen er at film- og TV-programmenyene er hentet fra alternative plasseringen siden de originale kildene ble stengt sammen med nettsiden. De fleste brukerne vil ikke merke noen forskjell i det hele tatt, og ingen triks eller endringer trengs for å bruke Popcorn Time Community Edition. Det er like enkelt, men også like ulovlig å bruke som det var før.

Popcorn Time CE er tilgjengelig for Windows, Linux og Mac OS X og finnes på popcorntime.ml.

Popcorn Time » Nyheter » **Time4popcorn beta 5.3**

Time4popcorn beta 5.3

Utviklergruppen bak time4popcorn Popcorn Time er ute med ein ny versjon: beta 5.3. Oppdaterinen bringer ei liste av forbedringar men ingen nye funksjoner:

- Chromecast og Apple TV knappene har begge blitt meir markante i programmet
- Chromecast funksjonen har blitt oppdatert, noko som forhåpentlegvis betyr meir stabilitet
- Oppstarts tida har blitt svært redusert og Popcorn Time er no klar på nokon sekunder
- Ein bug som forhindra brukarar i å velja deira nedlastningsmappe har blitt fiksa
- Torrent nedlastaren har blitt oppdatert som for det meste betyr raskare nedlastning. Du vil kanskje treffe på innhald som er sakte eller som ikkje laster ned i det heile, men det er ein del av P2P og det er ikkje mykje å gjere med det enn å prøve ein annan torrent
- Underteksting har blitt forbedra, noko som betyr meire undertekstar i fleire språk

Oppdateringa installere seg sjølv om du allereie har Popcorn Time applikasjonen frå time4popcorn. Om du ikkje så kan du få den frå liken under…

Lær meir om Popcorn Time frå time4popcorn

Kvifor vises ikkje filmmenyen?

Brukere av Popcorn Time fra popcorntime.io har nylig blitt møtt av ein tom skjerm med meldingen "Error loading data, try again later…" ved forsøk på å komme inn på filmmenyen. Popcorn Time samler inn data automatisk for sine menyer fra tredjeparts databaser som inneholder beskrivingar, framsider osv. Ein av disse databasene, trakt.tv, har nylig blitt flyttet til ein ny server som resulterer i ein ødelagt tilkobling når Popcorn Tid forsøker å hente data, noko som resulterer i den ovennevnte feilmeldingen.

1. Inntil forbindelse er fiksa som vil skje i den kommande oppdateringen er det nokon måter å lindre problemet:
   Filmer kan fortsatt bli funnet og spilte om du søker direkte til dei. Dette selvfølgelig bare hjelper deg om du vet hvilken film du ønsker å sjå, men om du gjør det er dette ein pen liten løsning.
2. Noen av dei andre Popcorn Time versjoner (som time4popcorn) henter data fra andre kilder, disse versjonene fortsatt arbeid så med mindre du er veldig emosjonelt knyttet til popcorntime.io bør du prøve ut ein av dei andre alternativa.

Annet enn at det er det ingenting igjen å gjøre enn bare å vente tålmodig på at oppdateringen blir utgitt.

Popcorninyourbrowser er tilbake

I starten var popcorninyourbrowser oppe i ca ei veke, og vart så tatt ned. Den var meint som eit eksperiment og den kunne ikkje klara den enorme interessa den fekk.
Det har nyleg dukka opp med nokre små forandringar og kan nok ein gong bli brukt til å streame torrents direkte i nettlesaren og trenger ikkje programmer eller appar.

Popcorninyourbrowser manglar nokon av dei fancy funksjonane til den «ekte» Popcorn Time program som Chromecast og AirPlay playback, men støttar underteksting og fungerar eksellent til å spela videoar i browseren. Dessverre så spelar den ikkje TV-seriar så brukarane må derfor nøya seg med filmar for augneblikket.

Lær meir om popcorninyourbrowser

Popcorn Time » Nyheter » **Popcorntime.io er nå offisiell Popcorn Time version**

Popcorntime.io er nå offisiell Popcorn Time version

Sidan den originale Popcorn Time frå getpopcornti.me var blitt tatt ned nesten så kjapt som den kom opp så har fleire utviklarar overtatt fakkelen og forsatt ideen. Originalt var den utvikla som ein open kjelde som tillat alle å lage kopiar og når dei tok den ned tenkte nokon at ideen var for god til å døy ut. To av dei er popcorntime.io og time4popcorn som for over eit år har vert konstante rivalar i å leggja ut betre programmarar og appar. Ingen av dei har fått kalla seg offisiell, men no har da endra seg.

Om du besøkjar getpopcornti.me vil du bli sendt til popcorntime.io, som betyr at dei originale utviklarane har endeleg valgt ei side i kampen for Popcorn Time. Bloggen til popcorntime.io skriv:

Me har nettopp gått ifrå den «uoffisielle offisielle» til bare enkelt «offisielle» Popcorn Time. Me har fått den originale domene (http://getpopcornti.me) vidaresendt til oss (http://popcorntime.io). Dette betyr ikkje at dei gamle utviklarane har kommen tilbake; dei virkelig ikkje…Men det betyr at me har støtte frå nokon av dei originale medlemmane.

Så popcorntime.io er framleis eit eige prosjekt for seg sjølv men med reklamasjon frå getpopcornti.me så er det virkeleg eit klapp på skuldra og eit spark til konkurrentane våras hjå time4popcorn. Men dette betyr ikkje at time4popcorn er slått ut og me kan forventa stiv konkurranse frå dei i framtida.

Time4popcorn var lenge framfor for popcorntime.io, men no er dei blitt tatt igjen. Dessuten er time4popcorn den eine av to med ein app for iOS.

Les mer om popcorntime.io

Popcorn Time beta 2.7.3 and 2.7.4 for Android

I eit lite tidsintervall så har to oppdateringar for time4popcorn/popcorn-time.se funne vegen til Android appen. Popcorntime.io er kanskje den offisielle Popcorn Time servicen men time4popcorn vil verkeleg gi dei ein kamp for å behalda tittelen ved konstante oppdateringar til både app og skrivebord software. Vidare så er dei framleis den einaste med app for iOS

Popcorn Time for Android Beta 2.7.4

Denne oppdateringa er spennandes for brukarar som verdsett privatlivet fordi a) time4popcorn har skrapa Kebrum som deira VPN leverandør og brukar no Anonymous VPN i staden for. Med betalt abonnement til deira VPN service kan du nyta fullt ut privatliv ekstremt lett gjennom den innebygde VPN klienten. Men vennlegast hugs at dette betyr ikkje at nedlasting og deling av kopirettslig materiale er lovlig. Dette gjeld også for PC versjonen og iOS appen slik at du kan vere anonym på kva enn plattform du brukar.

Hipster Duden frå Anonymous VPN tek ditt privatliv svært seriøst

Anonymous VPN er ein seriøs VPN leverandør som tek ditt privatliv svært seriøst. Det er eit utanlandsk selskap utanfor rekkevidda til nysgjerrige myndigheitar. Dei har ein streng ingen-logg prinsipp som betyr at i den usannsynlige hendelsen der dei vert ransaka så vil det ikkje vere noko bevis på kva du brukte servicen deira til. Dei har eit relativt lite nettverk i Nederland, Kannada, Tyskland, Frankrike, England, Romania, Ukraina og US. Eit Anonymous VPN abonnement kostar 5,75$ i måneden(69$ i året), 12$ for ein enkelt månad og 2$ for tredagars forsøk.

NB: Denne VPN servicen fungerar berre med software frå time4popcorn/popcorntime.se så om du brukar versjonen frå popcorntime.io så burde du vurdera abonnement hjå VPN.ht sidan den fungerar med deira innebygde VPN klient. Om du vil ha den beste tilgjengelege VPN som fungera med begge versjonane så er ExpressVPN eit utmerka val.

Laget har annonsert at det vil fungera med alle VPN leverandørane som vil integrera deira API. Dette bety at eit abonnemVPN leverandør som er villig til det kan bli brukt med den innebygde Popcorn Time VPN klienten.

Sett vekk ifrå ein forbetra VPN service så har oppdateringa fiksa bug og forbetra media player.

Besøk Anonymous VPN

Popcorn Time for Android Beta 2.7.3

Den mest interresante delen til denne oppdateringa er funksjonen som gir eit val på kvar filar skal nedlastast til. Om du har ein SD brikke, så betyr dette at du kan flytte til ein mappe med nok plass og slipper «not enough space» erroren. Beta 2.7.3 har også fiksa nokre bug, forbetra nedlastaren og lagt til fleire utvalsleverandørar.

Time4popcorn Android App er ein seriøs motstandar- spesielt med dei nyaste oppdateringane- og popcorntime.io burde ikkje kvile på sin offisielle tittel.

Lær meir om time4popcorn

Popcorn Time Android app beta 2.0 fra popcorntime.io

Utbygger gruppa fra popcorntime.io som er ansvarlig for den "offisielle" Popcorn Time applikasjonen har nettopp gitt ut sin nyeste Android app:beta 2.0. Det er lenge siden den første versjonen av programmet kom ut som bare gjorde minimum og manglet noen av de funksjonene som finnes i programmet fra time4popcorn som har vært ute i lang tid nå. Uten innebygd støtte for Chrome og AirPlay, så var bruken av programmet ganske så begrenset til kun avspilling på selve enheten.

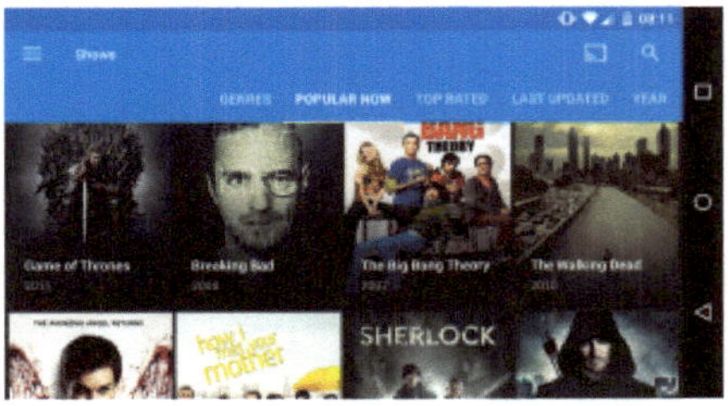

Popcorntime.io er i forkant av pakken med det nyeste Popcorn Time app for Android som støtter både Chromecast, AirPlay og DLNA

Den nye appen har blitt fullstendig omarbeidet og "2.0" støtter antagelsen; popcorntime.io har trappet opp ting, og nå synes den å ha den beste Popcorn Time Android appen tilgjengelig. Beta 2.0 ser veldig fin og ren ut, brukergrensesnitt som fungerer godt uten mye tull. Menyen inneholder de kjente kategoriene for filmer, TV-show og anime, som alle kan sortast etter popularitet, alder, vurdering osv, og du kan selvfølgelig også søke etter innhold. I innstillingene kan du justere Popcorn Time til din spesifikke smak og til denne forfatterens kunnskaps popcorntime.io versjonene er den eneste som lar brukerne spille rundt med torrent-innstillinger som kan være nyttig på vanskelige nettverkstilkobling.

En svært viktig del av oppdateringen er støtte for avspilling med Chrome, AirPlay og DLNA. Dette gir brukerne muligheten for å se innholdet ikke bare på den mobile enheten selv, men også på en TV. Popcorntime.io er de eneste utviklere som har implementert DLNA funksjonalitet som tillater ekstern avspilling direkte på støttet Smart TV.

Mer om popcorntime.io

Raske løsninger for Popcorn Time

Den offisielle Popcorn Time er nede, men det er fortsatt mulig å få den til å fungere som om ingenting har skjedd. Mens nettstedet og tjenestene bak programvaren ikke funker er bittorrent-nettverket ikke rørt, og kan dermed bli gjenopplivet på forskjellige måter.

Vi har allerede beskrevet hvordan du kan få TV-menyen tilbake og også forklart prosessen med å manuelt søke i et tidligere innlegg og at begge metodene fortsatt fungerer som forutsatt. Det er også en tråd på reddit som forklarer lignende Popcorn Time rettinger og det er enda en nedlastingslink til en oppdatert installatør hvor rettinger har blitt integrert. Vi kan verken bekrefte eller avkrefte om installatøren er godkjent, så det valget tar du med egen risiko.

Hvis du allerede har en desktop klient installert har folkene fra VPN.ht vært så snille å inkludere en automatisk Popcorn Time triks hvis du abonnerer på deres VPN-tjeneste. Når du er koblet til noen av deres servere og åpne opp Popcorn Time, vil du etter kort tid bli varslet om at en API fix er installert. Ved å starte programmet vil det vises både en TV-serie og film meny og det vil da fungerer akkurat som før.

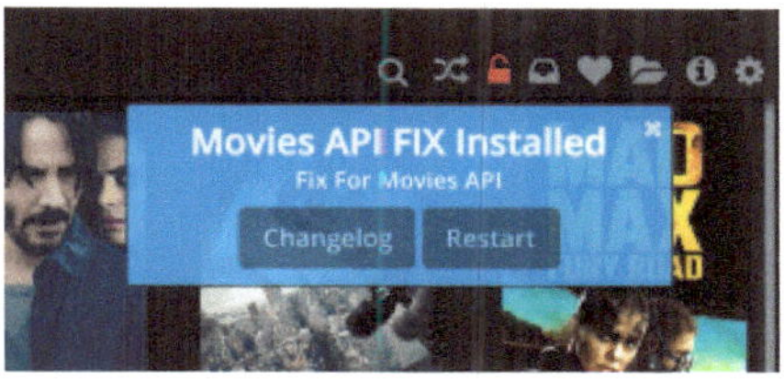

Koble til en VPN.ht server, åpne Popcorn Time og vent på at API fix installeres.

Det ser ut til at menyene arbeider uavhengig av om du er koblet til VPN eller ikke, så hvis du ikke føler for en langsiktig forpliktelse er det et alternativ å bare betale for en enkelt måned som er $1. Det blir sagt at VPN.ht er en utmerket VPN-leverandør med både rask og helt anonym tjeneste grunnlagt av de samme menneskene som brakte deg popcorn time. Det er også svært bra priset til kun $ 40 for et år.

Imidlertid kan det ikke være lenge før den offisielle Popcorn Tid nettsiden (popcorntime.io) og servicen er tilbake på nettet. En av personene bak tjenesten, en utvikler med kallenavnet “Wally”, ga nylig følgende uttalelse:

> Jeg vurderer fortsatt et fult comeback, jeg ønsker ikke å slippe en halv fungerende versjon.

Vi krysser selvsagt fingrene for at Wally vil gjennomføre planen.

iOS Installer tilgjengelig for Mac OS X

For ca. en måned siden lanserte time4popcorn sin iOS Installer som gjør det mulig å gå utenom den offisielle App Store og installere en Popcorn Time app på iOS-enheter uten jailbreaking. I den første utgaven var programmet kun tilgjengelig for Windows. Dette var ikke til noen hjelp fir alle iPad og iPhone brukere som sverger til Apple-produkter. Det ble lovet å lansere en Max OS X versjon og nå er den endelig her. Gled dere, Apple-brukere!

Applikasjonen fungerer på samme måte som sin Windows-motpart og er utrolig enkel å bruke: 1) Last ned og installer iOS Installer. 2) Kjør den og følg instruksjonene. 3) Du er klar til å bruke appen.

Det kan synes merkelig å måtte ty til et tredjepartsprogram for å installere en app, men det er fullstendig harmløst og vil ikke skade eller endre enheten din. Det har heller ingen betydning for garantien din, og hvis du å ønsker å fjerne installasjonen kan du alltid gjenopprette din iPhone eller iPad med iTunes.

Dette endrer imidlertid ikke det faktum at det mest sannsynlig er ulovlig for det å se på og dele kopibeskyttet innhold med Popcorn Time, men det er en annen historie.

Les mer her hvor du også vil finne en link til iOS Installer: Popcorn Time iOS app for iPhone og iPad

Popcorn Time » Nyheter » **Er Butter den nye Popcorn Time?**

Er Butter den nye Popcorn Time?

Butter er den nyeste store utviklingen i Popcorn Time verden. Som de fleste allerede vet så har den offisielle Popcorn Time blitt lagt ned og det er mulig den aldri blir opprettet igjen. Det var uklart hvorfor det ble lagt ned og i starten trodde de at det var grunnet intern uro med VPN.ht. Det har siden kommet informasjon at det var på grunn av et søksmål som er i utgangspunktet Hollywood vs Popcorn Time. MPAA er forståelig spent og det blir interessant å følge med på saken.

Det er ikke alle Popcorn Time medlemmer som er motløse av saksmålet og de started Butter-prosjektet nesten med en gang. Butter fungere nesten helt lik Popcorn Time (som fortsatt fungerer) ved å spille video filer mens de blir nedlastet fra og delt til Bittorrent nettverket. De har delt screenshots (Butter er ikke åpen til publikumet ennå) og det ser ut som Butter vil ligne veldig på Popcorn Time i utseendet. Så hva er forskjellen egentlig?

For å forstå dette må du også forstå hvordan Popcorn Time fungere. Menyene i Popcorn Time er ikke integrerte i selve programvaren men i andre torrent indekserings sider. Ved å endre denne linkens retningen kan man forandre det som står på disse menyene. Butter vil bruke indekserings sider som indekserer kun filmer og serier som ikke er beskyttet av opphavsrett.

Fra skjermbilder av Butter, ser det mer eller mindre som en eksakt kopi av Popcorn Time.

Dette vil tydeligvis gjøre Butter ubrukelig til de fleste Popcorn Time brukere som vil kun bruke servicen til å laste ned, se og dele filmer og serier som er beskyttet av opphavsrett. Men det er lett å fylle Butter med opphavsrett-beskyttete filmer og serier ved bruk av Plugins som vil gjøre det om til en identisk klone av Popcorn Time.

Ideen er at denne ubetydelige forandring vil gjøre Butter ugjennomtrengelig for søksmål siden programvaren kan kun brukes til ulovlige ting hvis brukeren selv endrer på den. Det virker som en grei plan men det er usikkert om det vil holde seg i en rettsal.

Butter har også fjernet den integrerte VPN (som vil forminske sjansen for søksmål) og forstørret transparens i utviklingsprosessen.

Butter nettsiden er oppe nå men de har ikke lagt ut programvaren enda.

Popcorn Time » Nyheter » **Popcorn Times fremtid**

Popcorn Times fremtid

De siste dagene har vært og er fortsatt veldig forvirrende for brukere av Popcorn Time. En intern uenighet har oppstått mellom utviklerne, trolig på grunn av tilhørigheten til VPN leverandøren VPN.ht. VPN tjenesten ble grunnlagt av noen av Popcorn Time utviklerne og var for en tid tilbake innblandet i programvaren.

Dette har uten tvil laget en betydelig strøm av inntekter men har også lagt Popcorn Time i skyggen som et rent ideelt prosjekt og har gjort det til en større og lettere målskive for søksmål. En ting er å tilrettelegge tilgjengeligheten av kopi beskyttet materiale slik at enhver enkelt kan bruke det, en annen ting er å gjøre profitt ut av det.

Ut fra informasjonen som er samlet her og der (for det meste rykter og definitivt ikke noe offisielt eller endelig) er situasjonen som følger:

Den 18.desember ble det offisielt annonsert på popcorntime.io at tre personer i utviklingsteamet enten bestemte seg for å forlate prosjektet, eller ble kastet ut. For å være med presis, så ble prosjektet beholdt av talsmenn fra den mer kommersielle siden og motstanderne av dette hadde forlatt prosjektet. I det som ser ut til å være en desperat forsøk på å ødelegge planen om å fortsatte Popcorn Time prosjektet uten dem, ble det foretatt av en eller flere av de som forlot prosjektet, en sletting av så mye som mulig at Popcorn Time relaterte ting. Inkludert var nettsiden, utvikler plattformen (github), sosiale medier som resulterte i nedetid for både nettsiden, sosiale medier sider, og selvfølgelig tjenesten i seg selv. I et øyeblikk den 23.oktober ble nettsiden gjenopprettet men den er fortsatt ikke tilgjengelig og tjenesten kan ikke bli brukt.

Mange har tolket dette som Popcorn Time sin død, men om du skal tro på ryktene så langt er dette langt fra sannheten og den nåværende situasjonen er kun midlertidig. Det ser ut til at de personene som forlot prosjektet har startet et nytt et som heter Butter Project (besøk nettsiden) og de har lagt ut noen interessante kommentarer på den nye nettsiden:

- *På en side vil popcorntime.io fortsette å levere nøyaktig den samme opplevelsen til våre elskede brukere.*
- *På den andre siden vil «the butter team» operere i et absolutt klart og lovlig rammeverk for å utvikle den beste teknologien vi kan.*

Det er på dette tidspunktet usikkert hva det vil bli av «Butter Project» men ryktene sier at det vil bli ganske likt som Popcorn Time bare med få endringer:

- Ingen tilhørighet med en VPN leverandør slik at den integrerte VPN tjenesten vil måtte fjernes.
- Det klare rammeverket vil mest sannsynlig bli innhentet, rett og slett ved å fjerne alt kopi beskyttet materiale fra alle menyer. Det vil dog fortsatt være tilgjengelig men brukerne vil måtte installere tredje parts plugins for å opprette kontakt.

Så det ser ut til at Popcorn Time vil fortsette i den samme stien som før, og vi må bare være litt tålmodige mens vi venter på at systemet blir online igjen.

Uansett utfallet av det som skjer kan du vedde på at folkene på den uoffisielle Popcorn Time, Time4popcorn er i gang og feirer akkurat nå.

Popcorn Time » Nyheter » **Android beta 2.7 fra time4popcorn**

Android beta 2.7 fra time4popcorn

Det er bare noen få dager siden Popcorn Time Android appen fra popcorntime.io ble oppdatert til beta 2.0, og det er nå time4popcorns tur til å gjøre det samme. Oppdateringen bringer versjonen av appen til beta 2.7 og fører til noen ikke veldig bemerkningsverdige forbedringer:

- Den innebygde media avspilleren har i det siste gitt Lollipop brukerne problemer på grunn av problemer med 64 bit funksjonaliteten, men dette er blitt fikset med en oppdatering til en nyere versjon av media avspilleren.
- Den nye media avspilleren fungerer nå med visning av tekst fra venstre til høyre, noe som er bra for hebraisk og arabiske undertekster.
- Under panseret har ting blitt endret for å forbedre avspillingen. Det er ikke noe man kan se, men (forhåpentligvis) føle.
- Auto-opdateringen fungerer igjen, noe som betyr at fremtidige oppdateringer av appen vil automatisk vises på enheten din.
- Mange bugs som krasjet appen og ble rapportert av brukerne er fikset, noe som vil føre til en mer solid app.

Lær mer om time4popcorn

Popcorn Time » Nyheter » **Flixtor er tilbake**

Flixtor er tilbake

I forrige uke ble Flixtor stengt av den nederlandske anti-piratgruppen BREIN, og besøkende på flixtor.me ble møtt med en "siden ikke funnet"-melding. Siden da har folkene bak lett etter ny hosting for nettstedet og kunne i går melde at siden er oppe igjen.

Flixtor har nylig sluppet en ny versjon av deres Android app med beta 1.3. Oppgraderingen inneholder innstillinger og torrentsseksjoner som fritt lar deg søke i torrenter. I tillegg er noen mindre bugs fikset.

Les mer her: Flixtor

Popcorn Time » Nyheter » **Popcorn Time for Android beta 2.5**

Popcorn Time for Android beta 2.5

Popcorn Time beta 2.5 or Android har akkurat blitt lansert, og selv om det tas god imot (slik oppdateringer vanligvis blir) fører det ikke til store endringer til Android versjonen av den populære bittorrent klienten. Du kan se alle endringene, tilleggene og ad fikserne i endringsloggen under, og den eneste tingen som kan være spennende før brukerne er oppdateringen for video avspilleren.

VLC kodene har blitt oppdatert til LibVLC 1.5.0 som er den siste versjonen bygget for VLC for Android. Dette skal føre til bedre og mer flytende videoavspilling som vil være mindre utsatt for krasjing.

Beta 2.5 oppdateringer fikser også noen krasjer, men de fleste av forbedringene og tilleggene er små og vil ikke legges merke til uten at man er klar over dem.

Lær mer

Popcorn Time for Android beta 2.5 changelog

```
Change primary color from blue to indigo
Update VLC video player code to LibVLC 1.5.0
Added option to see full torrent stats for movies
Added 480p option to default qualities
Added visibility of progress in notification when in background
Added stop action to close in notification when in background
Fixed movie description view size
Fixed English not being in the language selector
Fixed crash when opening .torrent or magnet
Fixed casting when opening from .torrent or magnet
Fixed relaunch of external player
Fixed background initialisation of torrent
Fixed video reload option
Fixed updating progress bar on resume
Fixed screen not going off when playback ended
```

Å forsette å bruke Popcorn Time

Den offisielle Popcorn Time nettsiden er nede, kanskje for godt, men hvis du har det installert på PC'n din så kan du bruke det med disse «hacks».

Popcorn Time er avhengig av Bittorrent nettverket og andre torrent indeksering nettsider, og selv om Popcorn Time er nede så funker fortsatt torrentene. Det eneste du trenger å gjøre for å fortsette i bruke PCT (Popcorn Time) er å hjelpe prosessene som vanligvis er automatiserte.

Hvis du ikke har lyst å gjøre noe av dette så kan du bruke den uoffisielle time4popcorn, den har til og med en iOS app.

Å forsette å bruke Popcorn Time

Det er en enkel løsning og sluttresultatet er nesten helt lik Popcorn Time sin TV serie-kategorien som du er vant til. Eneste forskjellen er at seriene er sortert på en annen måte og ikke har ratings.

Det du må gjøre er å trykke på *Settings > show advanced settings* (som du finner i settings menyen) scroll ned til du finner *Connection* på venstre side endre *TV show API endpoint* til ***http://eztvapi.co.za/***.

Gå til Settings > Connection og endre TV Show API Endpoint

Koblingen er en funksjonell speilbilde av den vanlige lokasjonen som forteller Popcorn Time hvor den skal lete etter seriene.

Søke manuelt etter både tv serier og filmer

Løsningen til film-kategoriene er dessverre ikke like enkel men det er enkelt å se filmer på Popcorn Time ved å søke manuelt (denne metoden funker også for seriene hvis du ikke har lyst å endre på settings).

Det du trenger å gjøre er å finne søkefeltet (som er ganske godt gjemt selv om den er nyttig å bruke). Den finner du ved å trykke på mappe-ikonet som er øverst til venstre på skjermen.

Popcorn Time » Nyheter » **Time4popcorn beta 5.4**

Time4popcorn beta 5.4

Time4popcorn har akkurat gitt ut en ny versjon av skrivebord applikasjonen som nå er i beta 5.4. Dette er innholdet i den nye og bedre men uoffisielle Popcorn Time versjonen:

- VPN levrandører integrerer API
  - Time4popcorn endret VPN leverandør, og skrivebord versjonen er også integrert med Anonymous VPN.
- Stabilitetsproblemer fikset
  - I følge utviklerne har MANGE stabilitetsproblemer blitt fikset, noe some selvfølgelig er bra. Men det er utrolig at de kan gjøre dtte HVER GANG de gir ut en ny versjon, man skulle tro at det var ganske stabilt nå, ikke sant?
- VLC avspiller endringer
  - Det sies ikke hva disse endringene og fiksene er, men vi antar at det vil føre til bedre/jevnere/mer stabil avspilling når man bruker VLC.
- Undertekst endringer
  - Heller ingen videre forklaring under dette punktet, men vi antar at dette kan betyr bedre og/eller flere undertekster.
- Forbedret torrent nedlastnings mekanisme
  - Vil reagere raskere og/eller mer stabile nedlastninger.
- Sikkerhetsforbedringer
  - Det finnes ikke noen faktisk beskrivelser av forbedringene under dette punktet heller, men bedre sikkerhet er alltid bra. Kanskje det har noe å gjøre med dette.

Lær mer om Popcorn Time av Time4popcorn

Få Popcorn Time for iOS (iPad og iPhone) uten jailbreak ved hjelp av iOS Installer.

Dagens store nyhet for eiere av iOS-enheter er at time4popcorn akkurat har annonsert lanseringen av deres egen PC-applikasjon: iOS Installer.

Med iOS Installer er det nå mulig å installere Popcorn Time app'er på iOS-enheter som f.eks. iPad og iPhone uten å måtte jailbreake enheten. Dette er et stort fremskritt for Popcorn Time fans som ønsker å installere app'en på sin egen enhet, men som ikke er villig til å jailbreake enheten. IOS Installer vil også kunne benyttes av andre app'er enn Popcorn Time så fremtiden ser lys ut for hele iOS-universet.

Få Popcorn Time for iOS (iPad og iPhone) uten jailbreak ved hjelp av iOS Installer.

Foruten muligheten for å installere Popcorn Time via App Store, kan det ikke bli enklere å bruke iOS Installer. Programmet installeres som et hvilket som helst annet program og har detaljerte instruksjoner somveileder brukeren gjennom prosessen med å installere Popcorn Time app'en på en hvilken som helst iOS-enhet. Alt du behøver å gjøre er å forvisse deg om at du har siste versjon av iTunes og selvfølgelig en kabel for å koble sammen PC og telefon/nettbrett/iPod.

iOS Installer ble lansert i dag og er hittil kun tilgjengelig for Windows PC. En Mac OSX versjon er imidlertid lovet allerede og vil være tilgjengelig i løpet av en måneds tid.

Du kan finne en nedlastingslink for iOS Installer her: Popcorn Time iOS app til iPhone og iPad

Popcorn Time » Nyheter » **Popcorn Time er nede (OPPDATERING)**

Popcorn Time er nede (OPPDATERING)

OPPDATERING: Kort tid etter dette innlegget ble det annonsert fra Popcorn Time folket at alt skulle være tilbake til normal snart og det ser ut som de holder det de lover.

Uten forvarsel har den offisielle Popcorn tidstjenesten blitt tatt ned, blant annet nettsted, Facebook-side, Twitter-profil og Github. Det er ennå ikke en offisiell kunngjøring fra teamet, men for noen dager siden du kunne på bloggen lese følgende:

> *Hi there,*
>
> *In date of the 18 October 2015, I would like to officially announce 3 members are leaving the project.*
> *You can read the official phnz statement here. Also, please note ksaredfx and sammuel86 are no longer part of the Popcorn Time team as well. A new re-structuration is now in place and the transition will be smooth and transparent for everyone. The project will keep growing, and all these changes are for the best you can be sure. If you have any questions, please do not hesitate to contact the OFFICIAL team at press@popcorntime.io*
>
> *Thanks*

Angivelig ble tvisten antent av samarbeidet med VPN-leverandøren VPN.ht og endte i at teamet ble delt. Det er rimelig å anta at nedetiden vi nå opplever er direkte relatert til denne saken.

En uoffisiell uttalelse fra en person nær teamet lagt ut på reddit styrker antagelsen, men gir også håp om at ting snart vil være tilbake til normal:

> *Hello guys! ☺*
> *"Thanks to the mod "/u/Ic3berg" for letting us know this isn't the end. I can only confirm this, with observations of yesterday."*
> *Second, i myself am not affliciated with Popcorn Time's official team. But i though i would update you on what i know. You guys are awesome as a community, and deserve to be in the loop.*
> *After losing about 5 regular dev members, i see this as a logical step, and welcome news. I can speculate away as to what will change, like for instance a change in the organisatinal structure, to make it more balanced. However, we should stick to "facts". A member on the forums publicly stated something "new" was coming out soon, that they had been planning for a while now.*
> *As for the downtime*
> *If nothing else interveanes, they will be up in the near future, depending on how long transistions take. There was no sign at all this would happen today, and it's something the current team decided was best. I am no place to say, it isn't justified. I am pretty sure it is, they have enough experience to plan out something like this. Glad to see that the Project is on the move, and not just staying still.*
> *Who stated this?*

The member is question was "Streger" (Regular Popcorn Time team member), he stated on the forum that "Some changes where coming, and he seemed happy about them" "Something they where planning for quite some time, according to him".
So we don't have to worry. I just don't think he knew, or he didn't want to reveal to much about the fact that it would happen today already, since he stated it yesterday ☺
Let's see what Popcholin is coming up with !

Så det virker som alt skal bli ok igjen, men det synes likevel underlig å stenge Facebook-sider, twitter etc. men la oss se hva som skjer.

Den offisielle versjonen fra time4popcorn fungerer fortsatt.

Beta 3.8 frå Popcorntime.io

I dag har Popcorntime.io starta opp den nyaste oppdateringa for deira PC versjon av Popcorn Time, som blir beta 3.8 . Oppdateringa rettar ei liste med feilmeldingar i tillegg til å introdusera nye funksjonar og febedringar

Dei nyaste problema med film menyen som ikkje fungerte har blitt fiksa, men det er MANGE andre tillegg og korreksjonar som ein kan vere glade for. Dei viktigaste og eller mest interessante til brukarane er:

- Film menyen fungera igjen
- Fleire underteksting for film og TV-seriar
- Forbetra torrent kode (kjappare nedlastning)
- Popcorn Time hugsar innstillingar som brukar, volum, plassering av underteksting og meir
- Underteksting fungera ved playback via DLNA
- Speling av eigne videoar på Popcorn Time
- Eigenskapen til å bruke Popcorn Time som standard applikasjon for torrent, magnet linkar og videofilar i Windows
- TV-seriar i full HD (1080p)
- Sortering av film og seriar ved “trending” som visar innhald som er på veg til å bli populært (ein god måte å finne dei nyaste store)
- Oversetta beskrivingar av filmar og seriar, om eit anna språk enn engelsk er valt i innstillingar
- Evna til å fritt søkja i torrent på KickassTorrents og Strike. Denne godt gøymde funksjonen er no open ved å klikke på den vesle mappe ikonet øverst til høgre.

Lista forsetjar nede der du kan sjå alle oppdateringane i beta 3.8 . Programmet vil automatisk spørja om å få bli oppdatert til den nye versjonen om det er installert. Om det ikkje er installert eller om noko går gale med oppdateringa så kan du finne nedlastninglinken her: Mer om popcorntime.io

Full liste av endringar i beta 3.8

Bug Fiksar:

- Fullskjerm forblir under playback
- Fleir-skjerm støtte
- Windows 8.1 applikasjon ikkje lenger gøymd bak taskbar
- “&” i titlar vert no handtert
- Lokale undertekstingar skal no alltid laste inn skikkelig
- UI fiksa
- Meir beskrivande feilmeldingar
- Reparert “Open the app in last open tab”
- Mac OS: fiksa invertert scrolling
- Mac OS: Meny hjelp
- Fiksa noko problem med tastatur navigasjon
- Evna til å gøyme melding om ventande oppdateringar

- Fiksa problem når ekstern harddisk vert brukt
- Forbetringar i koding av underteksting
- Fiksa autoavspilling
- Trakt.tv er tilbake!
- Torrenting forbetra (fleire peers og seeds)
- Fjernkontroll (httpapi) fiksa
- "Jump to" fiksa
- Fleire undertekstingar for TV-seriar
- Last ned status av spelar funkar no for enkeltfilar tatt frå fleirfil torrents
- Bilde i film & TV-seriar meir detaljert
- Anime; Fiksa eit problem der seriane ikkje har episodar og filmane ikkje har link
- Meste ekstrene torrent skal kombinerast med undertekstinga
- Arabiske fonter (Aljazeera & amp; Khalid kind) kan no bli brukt til å korrekt visa arabisk underteksting
- Fiksa meste problem med fjernstyring
- Låst opp plasseringa av Popcorn Time player når trailerar vert spelt

Nye funksjonar:

- Node Webkit 12.1 (no kjend som nw.js)
- Kanseller "Spel neste episode"
- Vel undertekst font og eller legg til solid bakgrunn for dei
- Ny underteksting til: Norsk og vietnamesisk
- Raporter feil og problem i sjølve applikasjonen (opne "om" sida)
- Marker som sett/ikkje sett i film detalj
- Ingen fleire reklamar frå Youtube
- Strøm underteksting med DLNA/UPnP
- Søk på Strike eller KickassTorrents (torrent portalar) og lagre torrent for seinare
- Tillat SSA/ASS undertekst, saman med TXT(i hovudsak kinesisk og polsk)
- Programmetvil no hugsa den siste valde kvaliteten, spelar, undertekstings posisjon, volumVel ein heil TV-serie som sett
- Vel mappa der applikasjonen vert installert
- Spel lokale video filar i PTPlayer (mp4, avi, mkv)
- Windows: Tillet deg til å bruka PT som standard for torrent / magnet/ video filar
- Støtte for multimedia keys
- Start eksterne spelarar i fullskjerm
- Minimiser til linja
- Oversetta oppsummering av TV-seriar og filmar
- Kalkulasjon av P2P forhold av lokaltrafikken i Popcorn Time
- FakeSkan (bitsnoop) vil no advara deg om ein ekstren torren har blitt markert som falsk
- "Tilfeldig" knapp gjer da mogleg å opna ein tilfeldig film
- Start Popcorn Time minimisert med "-m" flagg
- 1080p TV-seriar
- "Big Picture Mode" vil tillata å lese Popcorn Hour tekstar frå sofaen

- TVShow Time integrasjon
- Visat advarsel om harddisken er nesten full
- Sorter ved “Trending” for film og TV-seriar
- Korrekt visning av storingar for ditt operativsystem og språk (ex: 32.5MiB i Linux English, 32.5MO på Windows Spanish, 34.1MB av OSX English)

Popcorn Time CE beta 3.9

Popcorn Time Community Edition (PTCE) ble lansert for ikke lenge siden, og nå har en av dem (det finnes to PTCE…) har nå laget sin egen beta. Det største innen oppdateringen er at de nå støtter Google Cloud Player, noe som gjør det mulig å laste ne dog spille av innhold fra Google Sky lagring, i stedet for å bruke torrenter som til nå har vært den eneste muligheten og selve ryggmargen til Popcorn Time.

Fordelen med Google Sky er at det er mye raskere enn bittorrent nettverket, og brukere deler ikke filene med hverandre. Selv om filene lagres på servere i stedet for å sendes ut blandt brukerne, sies det at det er veldig vanskelig å slette innhold på grunn av at flere kopier av den samme filen er tilgjengelig i skyen, og de blir hele tiden kopiert.

Hvordan koblingen mellom Popcorn Time og skyen opprettholdes og styres er ukjent, men ut i fra noen få tester av filmer gjennom Google skyen (TV serier er ikke tilgjengelige enda) viser det seg at de er av veldig dårlig kvalitet i forhold til hva man er vandt med hos Popcorn Time. Det er ikke kjent om dette er et midlertidig problem, men det er helt klart at dette må forbedres om utviklerne vil at Google Cloud Player skal bli mer enn bare noe nytt.

Utenom de nye skybaserte nedlastningene består resten av endringene i hovedsak av en opprydning av oppsettet ved at de har fjernet noen av funksjonene. Sett bort i fra dette ser og fungerer Popcorn Time på samme måte som alltid.

Popcorn Time CE beta 3.9 finner du hos poporntime.ag.

PS: To PTCE sider eksisterer for øyeblikket, og begge angir seg som den offisielle siden.

Den andre finner du hos popcorntimece.tk.

Hvordan fortsatt bruke Popcorn Time del 2

For en stund siden skrev vi om hvordan du fortsatt kan bruke Popcorn Time selv om popcorntime.io og de andre lignende sidene var lagt ned. Mye har skjedd siden da, og det er på tide å skrive en oppdatert guide for brukerne av Popcorn Time der ute som er sultne på underholdning. Så her kommer det, det siste innen hvordan du fortsatt kan bruke Popcorn Time:

Gjennoppliv den offisielle Popcorn Time med vpn.ht

Vpn.ht er en flott og 100% anonym VPN leverandør laget av noen av de samme menneskene som ga oss den offisielle Popcorn Time versjonen. De har vært snille nok til å "rigge" VPN tjenesten på den måten at den kan gjennopplive til Popcorn Time installasjon (den offisielle, fra popcorntime.io) ved å finne den ødelagte tilkoblingen inne i programvaren.

Det er så lett som å koble til hvilken som helst server i deres VPN tjeneste, for så å åpne Popcorn Time. Like etter vil du få en notifikasjon om at en hotfix er blitt lagt til, deretter skal Popcorn Time være tilbake som normalt.

vpn.ht popcorntime.io

Gjennoppliv den offisielle Popcorn Time med vpn.ht.

Denne måten krever en installasjon av den offisielle Popcorn Time versjonen, og et abonnent hos vpn.ht. Om du ikke alerede har installert Popcorn Time kan du finne de nødvendige filene her.

Bruk den uoffisielle Popcorn Time klonen Time4Popcorn

Før skaperen av Popcorn Time bestemte at popcorntime.io var den offisielle Popcorn Time versjonen, var det et kappløp mellom dem og Time4Popcorn gruppen for å få denne tittelen. Time4Popcorn har til en eller annen grunn fått et dårlig rykte i Popcorn Time samfunnet, og har blitt angitt for å ha kopiert andre utviklere samt legge ødeleggende filer i installasjonene sine.

Dette er synd, fordi de har et veldig bra produkt som på mange måter, om ikke alle måter er like så bra eller enda bedre enn konkurrentene. De er faktisk den eneste Popcorn gruppen som har en fungerende iOS versjon for iPad og iPhone og trenger heller ikke jailbreaking. Time4Popcorn klonen har også nettleser versjoner for Windows, Linux og Mac OS X, samt en app for Android. De støtter også både Chromecast og AirPlay/Apple TV, og kan sikres med en innebygget VPN levert av Anonymous VPN.

Besøk dem hos popcorn-time.se.

Bruk Popcorn Time Community Edition

Popcorn Time Community Edition, eller Popcorn Time CE ble laget i vakumet etter nedleggelsen av popcorntime.io. Det hele begynte som en rekke forbedringer, endringer og lappearbeid på reddit som var ment for å gjennopplive den offisielle Popcorn Time siden, og ble i utgangspunktet gitt til brukere som allerede hadde installert programvaren. I senere tid har siden blitt utviklet til sin egen versjon med installasjonsfiler samt sine egne nettsider.

Popcorn Time CE er i grunn bare en kopi av orginalen, men med noen allerede nevnte endringer lagt til for å gjøre alt mer lettvint. Akkurat som (og som det fortsatt er) Popcorn Time i tiden etter den orginale ble borte har flere prøvd å bli den offisielle Popcorn Time Community Edition.

Besøg popcorntime.ag

Som du kan se, finnes det fortsatt mange måter på bruke Popcorn Time på mens vi venter på at den offisielle siden kommer tilbake og/eller vi får se hva som skjer hos Butter Project.

Popcorn Time » **Nyheter**

Popcorn Time CE beta 3.9

Popcorn Time Community Edition (PTCE) ble lansert for ikke lenge siden, og nå har en av dem (det finnes to PTCE…) har nå laget sin egen beta. Det største innen oppdateringen er at de nå støtter Google Cloud Player, noe som gjør det mulig å laste ne dog spille av innhold fra Google Sky lagring, i stedet for å bruke torrenter som til nå har vært den eneste muligheten og selve ryggmargen til Popcorn Time.

Fordelen med Google Sky er at det er mye raskere enn bittorrent nettverket, og brukere deler ikke filene med hverandre. Selv om filene lagres på servere i stedet for å sendes ut blandt brukerne, sies det at det er veldig vanskelig å slette innhold på grunn av at flere kopier av den samme filen er tilgjengelig i skyen, og de blir hele tiden kopiert.

Hvordan koblingen mellom Popcorn Time og skyen opprettholdes og styres er ukjent, men ut i fra noen få tester av filmer gjennom Google skyen (TV serier er ikke tilgjengelige enda) viser det seg at de er av veldig dårlig kvalitet i forhold til hva man er vandt med hos Popcorn Time. Det er ikke kjent om dette er et midlertidig problem, men det er helt klart at dette må forbedres om utviklerne vil at Google Cloud Player skal bli mer enn bare noe nytt.

Utenom de nye skybaserte nedlastningene består resten av endringene i hovedsak av en opprydning av oppsettet ved at de har fjernet noen av funksjonene. Sett bort i fra dette ser og fungerer Popcorn Time på samme måte som alltid.

Popcorn Time CE beta 3.9 finner du hos poporntime.ag.

PS: To PTCE sider eksisterer for øyeblikket, og begge angir seg som den offisielle siden.

Den andre finner du hos popcorntimece.tk.

Hvordan fortsatt bruke Popcorn Time del 2

For en stund siden skrev vi om hvordan du fortsatt kan bruke Popcorn Time selv om popcorntime.io og de andre lignende sidene var lagt ned. Mye har skjedd siden da, og det er på tide å skrive en oppdatert guide for brukerne av Popcorn Time der ute som er sultne på underholdning. Så her kommer det, det siste innen hvordan du fortsatt kan bruke Popcorn Time:

Gjennoppliv den offisielle Popcorn Time med vpn.ht

Vpn.ht er en flott og 100% anonym VPN leverandør laget av noen av de samme menneskene som ga oss den offisielle Popcorn Time versjonen. De har vært snille nok til å “rigge” VPN tjenesten på den måten at den kan gjennopplive til Popcorn Time installasjon (den offisielle, fra popcorntime.io) ved å finne den ødelagte tilkoblingen inne i programvaren.

vpn.ht popcorntime.io

Det er så lett som å koble til hvilken som helst server i deres [VPN tjeneste](), for så å åpne Popcorn Time. Like etter vil du få en notifikasjon om at en hotfix er blitt lagt til, deretter skal Popcorn Time være tilbake som normalt.

Gjennoppliv den offisielle Popcorn Time med vpn.ht.

Denne måten krever en installasjon av den offisielle Popcorn Time versjonen, og et abonnent hos vpn.ht. Om du ikke alerede har installert Popcorn Time kan du finne de nødvendige filene her.

Bruk den uoffisielle Popcorn Time klonen Time4Popcorn

Før skaperen av Popcorn Time bestemte at popcorntime.io var den offisielle Popcorn Time versjonen, var det et kappløp mellom dem og Time4Popcorn gruppen for å få denne tittelen. Time4Popcorn har til en eller annen grunn fått et dårlig rykte i Popcorn Time samfunnet, og har blitt angitt for å ha kopiert andre utviklere samt legge ødeleggende filer i installasjonene sine.

Dette er synd, fordi de har et veldig bra produkt som på mange måter, om ikke alle måter er like så bra eller enda bedre enn konkurrentene. De er faktisk den eneste Popcorn gruppen som har en fungerende iOS versjon for iPad og iPhone og trenger heller ikke jailbreaking. Time4Popcorn klonen har også nettleser versjoner for Windows, Linux og Mac OS X, samt en app for Android. De støtter også både Chromecast og AirPlay/Apple TV, og kan sikres med en innebygget VPN levert av Anonymous VPN.

Besøk dem hos popcorn-time.se.

Bruk Popcorn Time Community Edition

Popcorn Time Community Edition, eller Popcorn Time CE ble laget i vakumet etter nedleggelsen av popcorntime.io. Det hele begynte som en rekke forbedringer, endringer og lappearbeid på reddit som var ment for å gjennopplive den offisielle Popcorn Time siden, og ble i utgangspunktet gitt til brukere som allerede hadde installert programvaren. I senere tid har siden blitt utviklet til sin egen versjon med installasjonsfiler samt sine egne nettsider.

Popcorn Time CE er i grunn bare en kopi av orginalen, men med noen allerede nevnte endringer lagt til for å gjøre alt mer lettvint. Akkurat som (og som det fortsatt er) Popcorn Time i tiden etter den orginale ble borte har flere prøvd å bli den offisielle Popcorn Time Community Edition.

Besøg popcorntime.ag

Som du kan se, finnes det fortsatt mange måter på bruke Popcorn Time på mens vi venter på at den offisielle siden kommer tilbake og/eller vi får se hva som skjer hos Butter Project.

Popcorn Time Community Edition

Det er over en måned siden den offisielle Popcorn Time nettsiden og tjenesten (på en måte) frivillig stengte seg selv på grunn av et avventende søksmål bragt frem av MPAA (Motion Picture Association of America). Selv om en av utviklerne bak programvaren har annonsert at han er bestemt på bringe den tilbake til live, er popcorntime.io fortsatt død og ingen vet helt sikkert om gjenopplivingen noen gang vil bli en realitet. Noen av de avgåtte team medlemmene har annonserte fødselen av en versjon som går i en litt annen retning: Butter Project, men dette er så langt heller ikke mer enn et løfte.

I mellomtiden, har Popcorn Time Samfunnet vært desperate etter å fortsette å bruke tjenesten, og har kommet på med noen ganske stilige triks som lar brukerne fortsette å se filmer og TV programmer med Popcorn Time programvaren. Videre, siden Popcorn Time ble utviklet som en åpen kilde, har fans klart å redde kildekoden som lar dem lage en nøyaktig kopi av programvaren. Og ved å legge til de midlertidige løsningene har de laget en ny versjon: Popcorn Time Community Edition eller Popcorn Time CE.

Popcorn Time Community Edition (Popcorn Time CE) har bragt den offisielle Popcorn Time tjenesten tilbake til live.

Popcorn Time CE ser helt lik ut som den originale og fungerer på samme måte ved å "streame" videoer fra torrent linker. Den eneste forskjellen er at film- og TV-programmenyene er hentet fra alternative plasseringen siden de originale kildene ble stengt sammen med nettsiden. De fleste brukerne vil ikke merke noen forskjell i det hele tatt, og ingen triks eller endringer trengs for å bruke Popcorn Time Community Edition. Det er like enkelt, men også like ulovlig å bruke som det var før.

Popcorn Time CE er tilgjengelig for Windows, Linux og Mac OS X og finnes på popcorntime.ml.

Raske løsninger for Popcorn Time

Den offisielle Popcorn Time er nede, men det er fortsatt mulig å få den til å fungere som om ingenting har skjedd. Mens nettstedet og tjenestene bak programvaren ikke funker er bittorrent-nettverket ikke rørt, og kan dermed bli gjenopplivet på forskjellige måter.

Vi har allerede beskrevet hvordan du kan få TV-menyen tilbake og også forklart prosessen med å manuelt søke i et tidligere innlegg og at begge metodene fortsatt fungerer som forutsatt. Det er også en tråd på reddit som forklarer lignende Popcorn Time rettinger og det er enda en nedlastingslink til en oppdatert installatør hvor rettinger har blitt integrert. Vi kan verken bekrefte eller avkrefte om installatøren er godkjent, så det valget tar du med egen risiko.

Hvis du allerede har en desktop klient installert har folkene fra VPN.ht vært så snille å inkludere en automatisk Popcorn Time triks hvis du abonnerer på deres VPN-tjeneste. Når du er koblet til noen av deres servere og åpne opp Popcorn Time, vil du etter kort tid bli varslet om at en API fix er installert. Ved å starte programmet vil det vises både en TV-serie og film meny og det vil da fungerer akkurat som før.

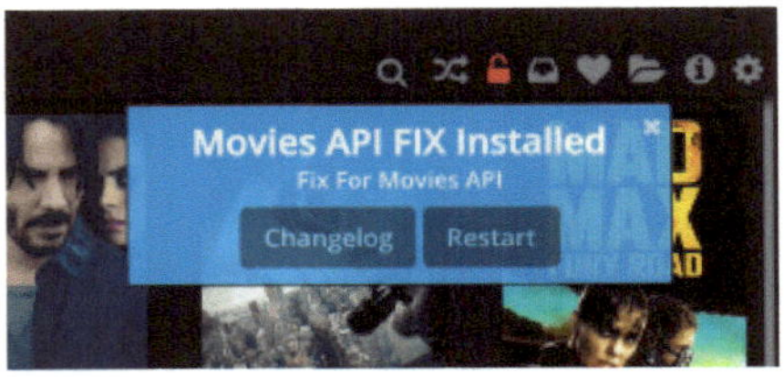

Koble til en VPN.ht server, åpne Popcorn Time og vent på at API fix installeres.

Det ser ut til at menyene arbeider uavhengig av om du er koblet til VPN eller ikke, så hvis du ikke føler for en langsiktig forpliktelse er det et alternativ å bare betale for en enkelt måned som er $1. Det blir sagt at VPN.ht er en utmerket VPN-leverandør med både rask og helt anonym tjeneste grunnlagt av de samme menneskene som brakte deg popcorn time. Det er også svært bra priset til kun $ 40 for et år.

Imidlertid kan det ikke være lenge før den offisielle Popcorn Tid nettsiden (popcorntime.io) og servicen er tilbake på nettet. En av personene bak tjenesten, en utvikler med kallenavnet "Wally", ga nylig følgende uttalelse:

> Jeg vurderer fortsatt et fult comeback, jeg ønsker ikke å slippe en halv fungerende versjon.

Vi krysser selvsagt fingrene for at Wally vil gjennomføre planen.

Er Butter den nye Popcorn Time?

Butter er den nyeste store utviklingen i Popcorn Time verden. Som de fleste allerede vet så har den offisielle Popcorn Time blitt lagt ned og det er mulig den aldri blir opprettet igjen. Det var uklart hvorfor det ble lagt ned og i starten trodde de at det var grunnet intern uro med VPN.ht. Det har siden kommet informasjon at det var på grunn av et søksmål som er i utgangspunktet Hollywood vs Popcorn Time. MPAA er forståelig spent og det blir interessant å følge med på saken.

Det er ikke alle Popcorn Time medlemmer som er motløse av saksmålet og de started Butter-prosjektet nesten med en gang. Butter fungere nesten helt lik Popcorn Time (som fortsatt fungerer) ved å spille video filer mens de blir nedlastet fra og delt til Bittorrent nettverket. De har delt screenshots (Butter er ikke åpen til publikumet ennå) og det ser ut som Butter vil ligne veldig på Popcorn Time i utseendet. Så hva er forskjellen egentlig?

For å forstå dette må du også forstå hvordan Popcorn Time fungere. Menyene i Popcorn Time er ikke integrerte i selve programvaren men i andre torrent indekserings sider. Ved å endre denne linkens retningen kan man forandre det som står på disse menyene. Butter vil bruke indekserings sider som indekserer kun filmer og serier som ikke er beskyttet av opphavsrett.

Dette vil tydeligvis gjøre Butter ubrukelig til de fleste Popcorn Time brukere som vil kun bruke servicen til å laste ned, se og dele filmer og serier som er beskyttet av opphavsrett. Men det er lett å fylle Butter med opphavsrett-beskyttete filmer og serier ved bruk av Plugins som vil gjøre det om til en identisk klone av Popcorn Time.

Fra skjermbilder av Butter, ser det mer eller mindre som en eksakt kopi av Popcorn Time.

Ideen er at denne ubetydelige forandring vil gjøre Butter ugjennomtrengelig for søksmål siden programvaren kan kun brukes til ulovlige ting hvis brukeren selv endrer på den. Det virker som en grei plan men det er usikkert om det vil holde seg i en rettsal.

Butter har også fjernet den integrerte VPN (som vil forminske sjansen for søksmål) og forstørret transparens i utviklingsprosessen.

Butter nettsiden er oppe nå men de har ikke lagt ut programvaren enda.

Å forsette å bruke Popcorn Time

Den offisielle Popcorn Time nettsiden er nede, kanskje for godt, men hvis du har det installert på PC'n din så kan du bruke det med disse «hacks».

Popcorn Time er avhengig av Bittorrent nettverket og andre torrent indeksering nettsider, og selv om Popcorn Time er nede så funker fortsatt torrentene. Det eneste du trenger å gjøre for å fortsette i bruke PCT (Popcorn Time) er å hjelpe prosessene som vanligvis er automatiserte.

Hvis du ikke har lyst å gjøre noe av dette så kan du bruke den uoffisielle time4popcorn, den har til og med en iOS app.

Å forsette å bruke Popcorn Time

Det er en enkel løsning og sluttresultatet er nesten helt lik Popcorn Time sin TV serie-kategorien som du er vant til. Eneste forskjellen er at seriene er sortert på en annen måte og ikke har ratings.

Det du må gjøre er å trykke på *Settings > show advanced settings* (som du finner i settings menyen) scroll ned til du finner *Connection* på venstre side endre *TV show API endpoint* til ***http://eztvapi.co.za/***.

Gå til Settings > Connection og endre TV Show API Endpoint

Koblingen er en funksjonell speilbilde av den vanlige lokasjonen som forteller Popcorn Time hvor den skal lete etter seriene.

Søke manuelt etter både tv serier og filmer

Løsningen til film-kategoriene er dessverre ikke like enkel men det er enkelt å se filmer på Popcorn Time ved å søke manuelt (denne metoden funker også for seriene hvis du ikke har lyst å endre på settings).

Det du trenger å gjøre er å finne søkefeltet (som er ganske godt gjemt selv om den er nyttig å bruke). Den finner du ved å trykke på mappe-ikonet som er øverst til venstre på skjermen.

Åpne manual torrent søkefunksjonen ved å klikke på mappeikonet (tredje fra høyre).

Helt til venstre må du velger om du skal søke Strike eller KAT. KAT virker litt bedre enn Strike men begge to funker ba. Så må du velge om du skal søke etter filmer eller seier. Dette er selvforklarende. Etter du har gjort dette må du skrive inn det du søker etter, her kan du inkludere kvaliteten du vil ha og du kan søke etter en spesifikk episode av en serie du vil se (f.eks s03e14 [sesong 3 episode 14].

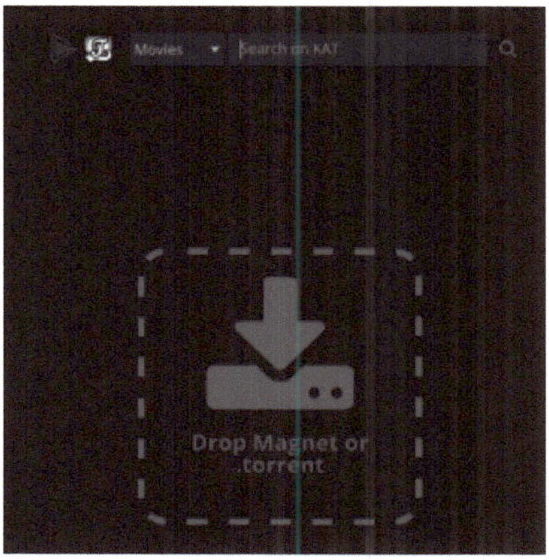

Manuelt søk torrent i Popcorn Time.

Trykk på Enter eller på forstrørrelsesglass-ikonet og etter et sekund eller to vil du se en liste over alle torrentfilene som samsvarte ditt søk. Det eneste du trenger å gjøre herfra er å velge tittelen du vil se og trykke på Play.

Popcorn Times fremtid

De siste dagene har vært og er fortsatt veldig forvirrende for brukere av Popcorn Time. En intern uenighet har oppstått mellom utviklerne, trolig på grunn av tilhørigheten til VPN leverandøren VPN.ht. VPN tjenesten ble grunnlagt av noen av Popcorn Time utviklerne og var for en tid tilbake innblandet i programvaren.

Dette har uten tvil laget en betydelig strøm av inntekter men har også lagt Popcorn Time i skyggen som et rent ideelt prosjekt og har gjort det til en større og lettere målskive for søksmål. En ting er å tilrettelegge tilgjengeligheten av kopi beskyttet materiale slik at enhver enkelt kan bruke det, en annen ting er å gjøre profitt ut av det.

Ut fra informasjonen som er samlet her og der (for det meste rykter og definitivt ikke noe offisielt eller endelig) er situasjonen som følger:

Den 18.desember ble det offisielt annonsert på popcorntime.io at tre personer i utviklingsteamet enten bestemte seg for å forlate prosjektet, eller ble kastet ut. For å være med presis, så ble prosjektet beholdt av talsmenn fra den mer kommersielle siden og motstanderne av dette hadde forlatt prosjektet. I det som ser ut til å være en desperat forsøk på å ødelegge planen om å fortsatte Popcorn Time prosjektet uten dem, ble det foretatt av en eller flere av de som forlot prosjektet, en sletting av så mye som mulig at Popcorn Time relaterte ting. Inkludert var nettsiden, utvikler plattformen (github), sosiale medier som resulterte i nedetid for både nettsiden, sosiale medier sider, og selvfølgelig tjenesten i seg selv. I et øyeblikk den 23.oktober ble nettsiden gjenopprettet men den er fortsatt ikke tilgjengelig og tjenesten kan ikke bli brukt.

Mange har tolket dette som Popcorn Time sin død, men om du skal tro på ryktene så langt er dette langt fra sannheten og den nåværende situasjonen er kun midlertidig. Det ser ut til at de personene som forlot prosjektet har startet et nytt et som heter Butter Project (besøk nettsiden) og de har lagt ut noen interessante kommentarer på den nye nettsiden:

- *På en side vil popcorntime.io fortsette å levere nøyaktig den samme opplevelsen til våre elskede brukere.*
- *På den andre siden vil «the butter team» operere i et absolutt klart og lovlig rammeverk for å utvikle den beste teknologien vi kan.*

Det er på dette tidspunktet usikkert hva det vil bli av «Butter Project» men ryktene sier at det vil bli ganske likt som Popcorn Time bare med få endringer:

- Ingen tilhørighet med en VPN leverandør slik at den integrerte VPN tjenesten vil måtte fjernes.
- Det klare rammeverket vil mest sannsynlig bli innhentet, rett og slett ved å fjerne alt kopi beskyttet materiale fra alle menyer. Det vil dog fortsatt være tilgjengelig men brukerne vil måtte installere tredje parts plugins for å opprette kontakt.

Så det ser ut til at Popcorn Time vil fortsette i den samme stien som før, og vi må bare være litt tålmodige mens vi venter på at systemet blir online igjen.

Uansett utfallet av det som skjer kan du vedde på at folkene på den uoffisielle Popcorn Time, Time4popcorn er i gang og feirer akkurat nå.

Popcorn Time er nede (OPPDATERING)

OPPDATERING: Kort tid etter dette innlegget ble det annonsert fra Popcorn Time folket at alt skulle være tilbake til normal snart og det ser ut som de holder det de lover.

Uten forvarsel har den offisielle Popcorn tidstjenesten blitt tatt ned, blant annet nettsted, Facebook-side, Twitter-profil og Github. Det er ennå ikke en offisiell kunngjøring fra teamet, men for noen dager siden du kunne på bloggen lese følgende:

> *Hi there,*
>
> *In date of the 18 October 2015, I would like to officially announce 3 members are leaving the project.*
> *You can read the official phnz statement here. Also, please note ksaredfx and sammuel86 are no longer part of the Popcorn Time team as well. A new re-structuration is now in place and the transition will be smooth and transparent for everyone. The project will keep growing, and all these changes are for the best you can be sure. If you have any questions, please do not hesitate to contact the OFFICIAL team at press@popcorntime.io*
>
> *Thanks*

Angivelig ble tvisten antent av samarbeidet med VPN-leverandøren VPN.ht og endte i at teamet ble delt. Det er rimelig å anta at nedetiden vi nå opplever er direkte relatert til denne saken.

En uoffisiell uttalelse fra en person nær teamet lagt ut på reddit styrker antagelsen, men gir også håp om at ting snart vil være tilbake til normal:

> *Hello guys! ☺*
> *"Thanks to the mod "/u/Ic3berg" for letting us know this isn't the end. I can only confirm this, with observations of yesterday."*
> *Second, i myself am not affliciated with Popcorn Time's official team. But i though i would update you on what i know. You guys are awesome as a community, and deserve to be in the loop.*
> *After losing about 5 regular dev members, i see this as a logical step, and welcome news. I can speculate away as to what will change, like for instance a change in the organisatinal structure, to make it more balanced. However, we should stick to "facts". A member on the forums publicly stated something "new" was coming out soon, that they had been planning for a while now.*
> *As for the downtime*
> *If nothing else interveanes, they will be up in the near future, depending on how long transistions take. There was no sign at all this would happen today, and it's something the current team decided was best. I am no place to say, it isn't justified. I am pretty sure it is, they have enough experience to plan out something like this. Glad to see that the Project is on the move, and not just staying still.*
> *Who stated this?*
> *The member is question was "Streger" (Regular Popcorn Time team member), he stated on the forum that "Some changes where coming, and he seemed happy about them" "Something they where planning for quite some time, according to him".*

So we don't have to worry. I just don't think he knew, or he didn't want to reveal to much about the fact that it would happen today already, since he stated it yesterday ☺
Let's see what Popcholin is coming up with !

Så det virker som alt skal bli ok igjen, men det synes likevel underlig å stenge Facebook-sider, twitter etc. men la oss se hva som skjer.

Den offisielle versjonen fra time4popcorn fungerer fortsatt.

Time4popcorn beta 5.4

Time4popcorn har akkurat gitt ut en ny versjon av skrivebord applikasjonen som nå er i beta 5.4. Dette er innholdet i den nye og bedre men uoffisielle Popcorn Time versjonen:

- VPN levrandører integrerer API
    - Time4popcorn endret VPN leverandør, og skrivebord versjonen er også integrert med Anonymous VPN.
- Stabilitetsproblemer fikset
    - I følge utviklerne har MANGE stabilitetsproblemer blitt fikset, noe some selvfølgelig er bra. Men det er utrolig at de kan gjøre dtte HVER GANG de gir ut en ny versjon, man skulle tro at det var ganske stabilt nå, ikke sant?
- VLC avspiller endringer
    - Det sies ikke hva disse endringene og fiksene er, men vi antar at det vil føre til bedre/jevnere/mer stabil avspilling når man bruker VLC.
- Undertekst endringer
    - Heller ingen videre forklaring under dette punktet, men vi antar at dette kan betyr bedre og/eller flere undertekster.
- Forbedret torrent nedlastnings mekanisme
    - Vil reagere raskere og/eller mer stabile nedlastninger.
- Sikkerhetsforbedringer
    - Det finnes ikke noen faktisk beskrivelser av forbedringene under dette punktet heller, men bedre sikkerhet er alltid bra. Kanskje det har noe å gjøre med dette.

Lær mer om Popcorn Time av Time4popcorn

Popcorn Time for Android beta 2.5

Popcorn Time beta 2.5 or Android har akkurat blitt lansert, og selv om det tas god imot (slik oppdateringer vanligvis blir) fører det ikke til store endringer til Android versjonen av den populære bittorrent klienten. Du kan se alle endringene, tilleggene og ad fikserne i endringsloggen under, og den eneste tingen som kan være spennende før brukerne er oppdateringen for video avspilleren.

VLC kodene har blitt oppdatert til LibVLC 1.5.0 som er den siste versjonen bygget for VLC for Android. Dette skal føre til bedre og mer flytende videoavspilling som vil være mindre utsatt for krasjing.

Popcorn Time » **Download Popcorn Time**

Download Popcorn Time

Under kan du finne beskrivelser av de beste Popcorn Time kloner/kopier/alternativer med en kort beskrivelse av hvilke muligheter/funksjoner de tilbyr og linker hvor de kan lastes ned. Hvilken versjon du foretrekker kommer an på personlige preferanser og hvilke funksjoner du har bruk for.

Popcorn Time

Popcorn Time begynte som et Open Source prosjekt på getpopcornti.me, som etter noe tid valgte å stoppe prosjektet. Programmet ble senere holdt i live av et par uavhengige utviklere, som så potensialet i det. Det betyr at det ikke finnes et offisielt Popcorn Time program (selv om mange programmer utgir seg for å være det), men i stedet finner man forskjellige versjoner eller «forks» som er utviklet på bakgrunn av originalen.

Popcorntime.io

Mange anser denne Popcorn Time versjonen som den offisielle, men popcorntime.io (nettside) er ikke mer offisiell enn de andre versjonene. Den støtter undertekster som blir lastet ned automatisk, og PC versjonen har innebygget støtte til Chromecast og Apple TV via AirPlay samt en integrert VPN fra VPN.ht. Popcorn Time fra .io er tilgjengelig til Windows, Mac OS X, Linux og Android.

Time4popcorn

Dette er en av mange versjoner som kaller seg selv Popcorn Time, men den skiller seg ut ved å være den som er mest utviklet. Popcorn Time fra time4popcorn (nettside) kommer med støtte for Windows, Mac OS X og Linux, og har samtidig utviklet apper til Android og iOS (iPhone og iPad). Alle versjonene støtter Chromecast, AirPlay og VPN (fra Anonymous VPN), hvilket gjør den til favoritt blant mange av brukerne.

Download Popcorn Time – Se filmer og TV-serier i HD

Det er viktig å få med seg at det ryktes at denne versjonen har en tendens til å installere adware på datamaskinene den blir installert på. Adwaren kan ganske lett fjerne, og bortsett fra å være irriterende volder den ingen skade.

Flixtor

På tråds av navnet, Flixtor (nettside), virker det på nøyaktig samme måte som Popcorn Time. Det er i bunn og grund identiske programmer med forskjellige navn.

Programmet kommer allikevel med noen muligheter, som gjør at det skiller seg ut fra mengden. Det er for eksempel mulig å søke fritt blant torrentfiler og avspille videoer (andre versjoner lar deg bare søke gjennom en indeks av innhold). Det gjør Flixtor til et godt alternativ for brukere som ønsker å se mindre kjente filmer og serier, blant annet de som ikke er på engelsk.

Du kan også velge å bruke en ekstern mediespiller, som f.eks. VLC, hvis du har lyst til det. I skrivende stund kan Flixtor fås til Mac OS X, Windows og Linux, og det finnes også en app til Android.

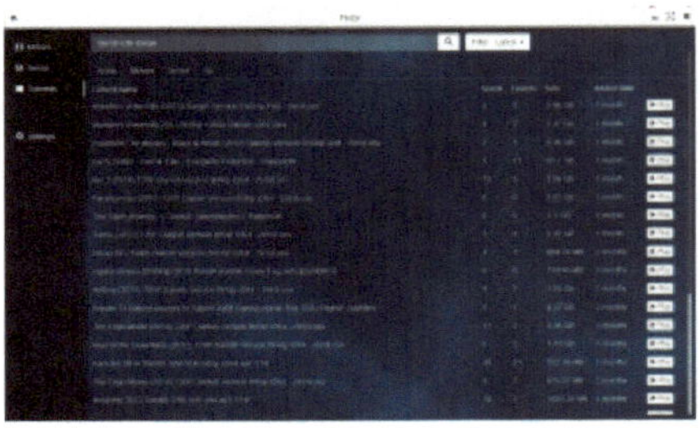

Med Flixtor kan du søke etter torrentfiler og finne mindre kjente filmer og filmer som ikke er på engelsk.

MoviePanda

MoviePanda (nettside) er egentlig ikke basert på Popcorn Time, men er utviklet som et eget prosjekt. Det er et fantastisk program, men viser dessverre kun filmer, og ikke serier. Motsatt Popcorn Time og Flixtor, tilbyr Moviepanda også filmer med høy lydkvalitet (de andre tilbyr som regel bare stereo), og lover samtidig å tilby 4K innhold, når det er tilgjengelig. Det er det opplagte valget, hvis man vekter høy kvalitet.

Det som også gjør at Moviepanda skiller seg ut, er at den ikke er avhengig av servere. Programmet benytter seg ikke av en sentralisert content scraper, hvilket betyr at Moviepanda i praksis ikke kan stenges. Programmet finnes til Windows, Mac OS X og Linux.

MoviePanda leverer filmer i høy kvalitet i et desentralisert nettverk.

Show Box (ShowBox)

Showbox (nettside) er en Android app som fungerer akkurat slik som Popcorn Time. Med Showbox kan du se på filmer og tv serier på farten på din Android telefon eller nettbrett. Appen er helt klatis men finnes ikke i Google Play Store.

For å installere må du laste ned .apk filen manuelt fra linken under. Nye Androider lar deg ikke laste ned apper utenfor Google Play Store, så du må godkjenne installasjoner av apper fra *ukjente utviklere* i sikkerhetsavdeligen under instillinger.

MovieBox (Movie Box)

MovieBox (nettside 1, nettside 2) er en iOS (iPhone og iPad) app som er veldig like Showbox og fungerer på samme måte som Popcorn Time. MovieBox er en gratis app som lar deg se på filmer og tv serier på din iPhone og iPad.

Akkurat slik som at Showbox (se over) ikke finnes i Google Play Store, finnes ikke MovieBox i App Store, som selvfølgelig har å gjøre med problemer med kopirettigheter. Heldigvis for iPad og/eller iPhone brukere jobber programmerere hele tiden rundt iOS sin sikkerhet (vanligvis) som gjør at appen kan lastes ned uten å jailbreake enheten (om ikke, trykk her for en guide).

Popcorn Express

Popcorn Express (nettside) spiller av filmer og tv serier direkte i nettleseren din, men fungerer på samme måte som Popcorn Time og alle de andre klonene. Denne krever en plugin eller utvidelse av nettleseren som heter Torque som fungerer likt som en javascript bittorrent nedlaster. Utvidelsen er tilgjengelig for Firefox og Chrome som gjør den tilgjengelig for Windows, Mac OS X, Linux og alt annet som har nettlesere.

PlayBox

Playbox (nettside) er en app som fungerer på tvers av plattformene for både Android og iOS enheter (iPad og iPhone) og har en innebygget Chromecast støtte.

Popcorninyourbrowser

Popcorninyourbrowser bruker Webtorrent – En streaming torrent -klient som kjører direkte i nettleseren – for å spille av filmer (ikke tv-show) uten behov for et program eller en app . Sammenlignet med Popcorn Time det er ganske rått og ikke støtter noen av de fancy funksjoner som Chrome , DLNA eller AirPlay men noen brukere fortsatt kan liker ikke å måtte installere noe for å bruke det.

Popcorninyourbrowser ble tatt ned, men er opp igjen så forhåpentligvis tjenesten vil fortsette.

besøk popcorninyourbrowser

Popcorn Time iOS app til iPhone og iPad

Popcorn Time er et kontroversielt program som egentlig ikke er ulovlig i definisjon, men er det alikevel siden omtrent alle filmer og tv serier er skrivebeskyttet. Det er derfor du ikke vil finne Popcorn Time appen i App Store, og det kommre sikkert aldri til å skje.

Men dette betyr ikke at brukerne av bærbare apple produkter (iPad, iPhone og iPod Touch) ikke kan bruke Popcorn Time appen, de må bare hoppe gjennom noen få hull først.

Det finnes to måter å få Popcorn Time inn på din iOS enhet på: den enkle og anbefalte metoden ved å bruke en iOS installer, og den ikke så enkle måten ved bruk av Cydia som betyr å jailbreake enheten.

Installere Popcorn Time appen med iOS Installler

Dette er den enkleste, minst ødeleggende og dermed mest anbefalte måten å installere Popcorn Time apper til iPhone eller iPad på. Om det til en eller annen grunn ikke fungerer kan du prøve jailbreak metoden som beskrives under.

Det første trinnet er å sikre at du har den siste versjonen av iTunes installert og den rette kabelen for å koble til iPad/iPhone til PC. Det neste trinnet er å laste ned og installere iOS Installer som du finner her. De siste trinnet er å kjøre iOS Installer og følge instruksjonene. Metoden installerer Popcorn Time iOS appen fra time4popcorn og er for øyeblikkelig tilgjengelig for Windows PC og Mac OS X.

Følg guiden for å installere iOS Popcorn Time appen til din iPhone eller iPad.

Installer Popcorn Time med Cydia

Denne metoden inkluderer å jailbreake din iPhone eller iPad. De fleste er redde for å gjøre det fordi de er redd for å miste garantiperioden, men om du vil jailbreake enheten din og bruke garantien etterpå, er det enkelt å gjenopprette iPhonen eller iPaden i iTunes slik at den blir normal – til og med i en App teknikkers øye.

Å Jailbreake enheten vil ikke endre den veldig, det bare legger til noen store funksjoner, og en av de er å kunne laste ned apper som ikke finnes i App Store.

Hvordan du Jailbreaker din enhet kommer an på versjonen iOS som du har installert på den. Den siste versjonen er iOS 8, så den følgende guiden vil vise hvordan du gjør det på enheter som har iOS 8. Om du har en eldre versjon av iOS installert kan du finne guiden som finnes her.

Om du allerede har jailbreaket enheten din kan du hoppe til bunnen av denne artikkelen og gå rett til installasjonen av iOS Popcorn Time appen.

Jailbreaking guide for iOS 8 – iOS 8.1

Denne guiden krever det følgende: en iOS enhet (iPhone, iPad, og iPod Touch), en PC (Windows eller OSX Mac) og en USB kabel for enheten din. Ikke koble sammen enheten og PCen enda.

Støttede iOS enheter:

- iPhone 6
- iPhone 6 Plus
- iPhone 5s
- iPhone 5c
- iPhone 5
- iPhone 4s
- iPad (2, 3, 4, Air, Air 2, mini 1, mini 2, mini 3)
- iPod touch 5

Jailbreak med Pangu

1. Før du begynner prosessen må du deaktivere kodelåsen (om den er på). Dette gjøres i *instillinger -> generelt).*
2. Du må også skru av "Finn min iPhone". Dette gjøres i *instillinger -> iCloud.* Du kan aktivere både kodelåsen og Finn min iPhone eller at du er ferdig med å jailbreake.
3. Skru på Flymodus (swipe for å åpne kontrollpanelet).
4. Om enheten automatisk har blitt oppdatert til iOS (OTA oppdatering), må du gjenopprette den i iTunes. Apple har en guide for hvordan du gjør det.
5. Ta en sikkerhetskopi av dataene dine i tilfelle noe går galt. Dette gjøres i *Instillinger -> iCloud.*
6. Start iTunesog la det kjøre i bakgrunnen i løpet av resten av prosessen.
   - Du må ha iTunes 12.0.1. eller nyere, få den siste versjonen her.
7. Last ned Pangu her og installer det på PCen din.
   - Pangu er programvaren som jailbreaker din enhet. Det inneholder ikke virus, skadelig programvare, spion programmer eller noe lignende.
8. Start Pangu
   - Windows: høyreklikk på Pangu ikonet og velg "Kjør som administrator"
9. Når Pangu er åpen kobler du til iOS enheten din med PCen ved hjelp av USB kabel.
10. Trykk på "Start Jailbreak" knappen og "Already did". Dette starter den faktiske jailbreakingen.
    - Enheten vil starte på nytt noen få ganger i løpet av denne prosessen, så vær tålmodig og ikke få panikk, det er helt normalt. Når alt er ferdig vil Pangu gi deg en melding som sier at jailbreakingen er suksesfull.

Din iOS enhet har nå blitt jailbreaket og du kan fortsette til installasjonen av Popcorn Time appen.

Å installere iOS Popcorn Time appen på din iPhone eller iPad

Nå som enheten er jailbreaket (eller om den allerede var det) må du bruke "Cydia" for å installere Popcorn Time appen. Cydia er som App Store men for jailbreakede enheter, og den ble installert sammen med Pengu jailbreakingen. Om du ikke finner Cydia på iPhonen eller iPaden, bare gjenta jailbreaking prosessen over.

1. Legg til Popcorn Time repo i Cydia ved å bruke denne guiden. URLen for time4popcorn er *http://cydia.popcorn-time.se*.
2. I Cydia går du til *kilder* og finn time4popcorn repo i denne listen. Herfra kan du (endelig) installere iOS Popcorn Time appen.
3. Nyt!

Et alternativ er at du kan prøve Movie Box (MovieBox) i stedet, som kan fungere på iOS enheter uten jailbreak, noe som kommer an på versjonen (det fungerer ikke alltid uten).

Vanlige søk relatert til denne artikkelen: popcorn time app ipad, popcorn time ipad uten jailbreak, popcorn time ipad app nedlastning, popcorn time ios7, hvordan installere popcorn time på ipad, popcorn time iphone 4, last ned popcorn time iphone, popcorn time ios jailbreak, popcorn time for iphone 6, popcorn time ipad mini, last ned popcorn time for iphone, popcorn time ipad cydia, hvordan laste ned popcorn time på iphone, popcorn time ipad air

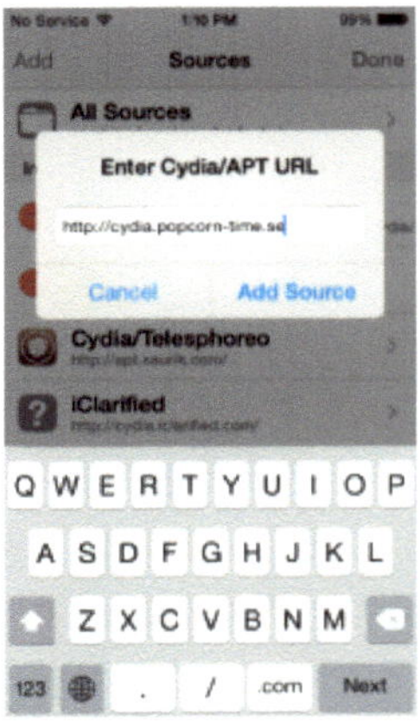

Skriv inn URLen til time4popcorn repo i cydia for å installere iOS Popcorn Time appen http://cydia.popcorn-time.se

www.ingramcontent.com/pod-product-compliance
Lightning Source LLC
LaVergne TN
LVHW021228071026
849580LV00001BC/294
* 9 7 8 8 2 9 2 8 1 2 1 0 5 *